The
VOCA⁺
BULARY

완전 개정판

2

The VOCA+BULARY 완전 개정판 ❷

지은이 넥서스영어교육연구소
펴낸이 임상진
펴낸곳 (주)넥서스

출판신고 1992년 4월 3일 제311-2002-2호 2-18
10880 경기도 파주시 지목로 5
Tel (02)330-5500 Fax (02)330-5555
ISBN 978-89-98454-35-7 54740
     978-89-98454-33-3 (SET)

www.nexusEDU.kr

The VOCA⁺ BULARY

완전 개정판

2

넥서스영어교육연구소 지음

NEXUS Edu

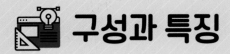

구성과 특징

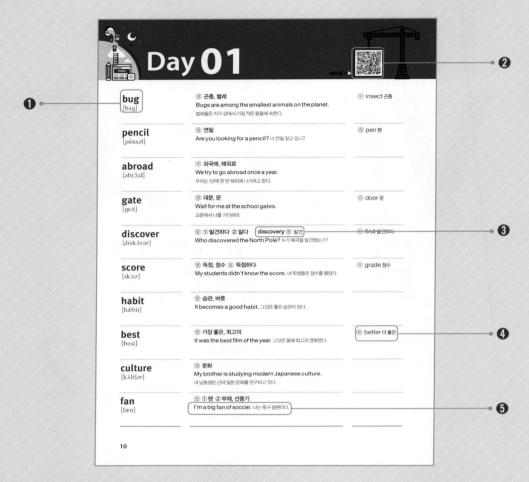

❶ **학년별로 꼭 알아야 하는 교육부 권장 표제어**
Day마다 20개의 단어를 학습하며 30일 동안 완벽하게 끝내는 필수 어휘

❷ **생생한 단어 MP3 듣기용 QR 코드**
내 폰으로 바로 스캔만 하면 원어민의 목소리가 귀에 쏙쏙 들어와 암기력 강화

❸ **문어발도 부럽지 않은 완전 확장 어휘**
표제어와 함께 암기하는 명사, 동사, 형용사, 부사 등의 핵심 파생어까지 학습

❹ **학교 내신까지 확실하게 대비하는 유의어/반의어/참고 어휘**
뜻이 비슷하거나 반대의 단어와 그 밖에 꼭 알아야 할 단어도 가뿐하게 암기

❺ **표제어 핵심 뜻을 문장에서 확인하는 실용 예문**
표제어의 핵심 뜻을 적용한 예문을 제시하여 문장 속에서 어휘 쓰임 확인

일러두기

ⓔ **명사**　　ⓓ **대명사**　　ⓥ **동사**　　ⓐ **형용사**　　ⓑ **부사**

ⓟ **전치사**　　ⓒ **접속사**　　ⓟ **복수형**

ⓨ **유의어**　　ⓡ **반의어**　　ⓒ **참고 어휘**

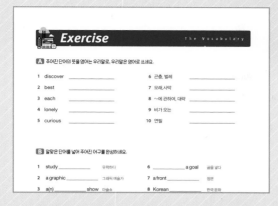

Exercise

Day별 학습이 끝나고 꼭 풀어야 할 1차 복습 확인 문제,
틀린 문제는 이 단계에서 바로 꼼꼼히 암기

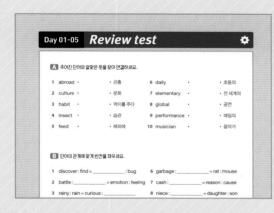

Review Test

Day 학습이 5개씩 끝날 때마다 만날 수 있는 총정리 문제,
내신 대비를 위한 확실한 마무리

Vocabulary Plus

단어장 속의 단어장, 내신과 각종 영어 시험 대비를 위한
비법 어휘 60개

온라인 VOCA TEST

교재 학습이 끝났다면 이제 온라인으로 마지막 복습
책에 등장하지 않은 문제를 추가로 풀어보는 온라인 테스트
(www.nexusEDU.kr)

단어 MP3 듣기 파일

교재 QR 코드를 스캔하거나 홈페이지(www.nexusbook.com)에 접속해서 무료 다운로드

 # 목차

The VOCA + BULARY

Chapter 05

Chapter 06

Chapter 01

Day 01
~
Day 05

Day 01

MP3 듣기 ▶

bug
[bʌg]

몡 곤충, 벌레
Bugs are among the smallest animals on the planet.
벌레들은 지구 상에서 가장 작은 동물에 속한다.

윤 insect 곤충

---

pencil
[pénsəl]

몡 연필
Are you looking for a pencil? 너 연필 찾고 있니?

참 pen 펜

---

abroad
[əbrɔ́ːd]

옘 외국에, 해외로
We try to go abroad once a year.
우리는 1년에 한 번 해외에 나가려고 한다.

---

gate
[geit]

몡 대문, 문
Wait for me at the school gates.
교문에서 나를 기다려라.

윤 door 문

---

discover
[diskʌ́vər]

동 ① 발견하다 ② 알다   discovery 몡 발견
Who discovered the North Pole? 누가 북극을 발견했는가?

윤 find 발견하다

---

score
[skɔːr]

몡 득점, 점수 동 득점하다
My students didn't know the score. 내 학생들은 점수를 몰랐다.

윤 grade 점수

---

habit
[hǽbit]

몡 습관, 버릇
It becomes a good habit. 그것은 좋은 습관이 된다.

---

best
[best]

혱 가장 좋은, 최고의
It was the best film of the year. 그것은 올해 최고의 영화였다.

참 better 더 좋은

---

culture
[kʌ́ltʃər]

몡 문화
My brother is studying modern Japanese culture.
내 남동생은 근대 일본 문화를 연구하고 있다.

---

fan
[fæn]

몡 ① 팬 ② 부채, 선풍기
I'm a big fan of soccer. 나는 축구 광팬이다.

---

curious
[kjú(ː)əriəs]

혱 호기심이 강한　**curiosity** 몡 호기심
I'm just curious. That's all. 나는 그냥 궁금했어. 그것뿐이야.

---

sand
[sænd]

몡 ① 모래 ② 사막
The children are playing on the sand.
아이들은 모래에서 놀고 있다.

참 soil 흙

---

about
[əbáut]

젠 ~에 관하여, ~에 대하여　뷔 대략, 약
They are worried about Scott. 그들은 스캇에 대해 걱정하고 있다.

---

each
[iːtʃ]

혱 각각의, 각자의　대 각각, 각자　뷔 제각기
They cost $20 each. 그것들은 각각 20달러이다.

유 every 모두의

---

lonely
[lóunli]

혱 외로운, 고독한
She feels really lonely. 그녀는 정말 외로움을 느낀다.

유 alone 혼자의

---

zero
[zí(ː)ərou]

몡 0, 영
The answer is zero. 답은 0이다.

---

magic
[mǽdʒik]

혱 마법의 몡 마법　**magician** 몡 마술사
The book explains how to do magic.
그 책은 마법 하는 방법을 설명해 준다.

---

artist
[áːrtist]

몡 예술가, 미술가
He is one of the greatest artists of the Renaissance.
그는 르네상스 시대의 위대한 예술가 중 한 명이다.

유 painter 화가

---

rainy
[réini]

혱 비가 오는
The weather was cold and rainy. 날씨는 춥고 비가 왔다.

참 snowy 눈 오는

---

uniform
[júːnəfɔ̀ːrm]

몡 유니폼, 제복 혱 균일한, 고른
Steve is still wearing his school uniform.
스티브는 아직도 교복을 입고 있다.

Exercise

A 주어진 단어의 뜻을 영어는 우리말로, 우리말은 영어로 쓰세요.

1 discover _____
2 best _____
3 each _____
4 lonely _____
5 curious _____

6 곤충, 벌레 _____
7 모래,사막 _____
8 ~에 관하여, 대략 _____
9 비가 오는 _____
10 연필 _____

B 알맞은 단어를 넣어 주어진 어구를 완성하세요.

1 study _____ 유학하다
2 a graphic _____ 그래픽 예술가
3 a(n) _____ show 마술쇼
4 10° below _____ 영하 10도
5 an electric _____ 선풍기

6 _____ a goal 골을 넣다
7 a front _____ 정문
8 Korean _____ 한국 문화
9 a bad _____ 나쁜 습관
10 a school _____ 교복

C 알맞은 단어를 골라 문장을 완성하세요.

1 Cats are very (curious / lonely). 고양이들은 호기심이 매우 많다.

2 There was a man at the (gate / score). 문가에 한 남자가 있었다.

3 I like the team's (artist / uniform). 나는 그 팀의 유니폼이 마음에 든다.

4 A (habit / bug) is sitting on a Coke can. 벌레 한 마리가 콜라 캔에 앉아 있다.

5 A child is playing with (fan / sand). 한 아이가 모래를 가지고 놀고 있다.

정답 p.118 ➡

Day 02

MP3 듣기 ▶

able
[éibl]

(형) ① 할 수 있는 ② 유능한
The man is able to get any information.
그 남자는 어떤 정보든 얻을 수 있다.

(반) unable
할 수 없는

---

feed
[fi:d]

(동) 먹이를 주다 (feed - fed - fed)
She is feeding the ducks on the river.
그녀는 호수에 있는 오리들에게 먹이를 주고 있다.

---

sale
[seil]

(명) 판매, 매매
The sale is now over. 판매는 이제 끝이 났다.

(유) selling 판매

---

better
[bétər]

(형) 더 좋은, 더 나은 (부) 보다 잘, 더 잘
Choose the better of the two. 둘 중 더 좋은 것을 고르세요.

(반) worse 더 나쁜

---

skill
[skil]

(명) ① 솜씨, 능력 ② 기술
He has good cooking skills. 그는 요리 솜씨가 뛰어나다.

(유) ability 능력

---

emotion
[imóuʃən]

(명) 감정, 정서
My mother showed no emotion.
우리 엄마는 어떤 감정도 보이지 않았다.

(유) feeling 감정

---

wish
[wiʃ]

(동) 바라다, 원하다 (명) 소원, 기원
We wish you a Merry Christmas.
즐거운 크리스마스 보내시길 바랍니다.

(유) want 원하다

---

battle
[bǽtl]

(명) 싸움, 전투 (동) 싸우다
Police tried to stop the battle.
경찰은 그 싸움을 멈추려고 했다.

(유) combat
전투, 투쟁

---

cage
[keidʒ]

(명) 새장, 우리
The animals looked so sad in their cages.
우리에 있는 동물들은 매우 슬퍼 보였다.

---

item
[áitem]

(명) ① 항목 ② 물품
I have several items to share. 나는 나눠 줄 물건이 몇 개 있다.

(유) object 물건

main
[mein]

(형) 주요한, 주된　**mainly** (부) 주로
The main office is in Seoul. 본사는 서울에 있다.

(유) major 주요한

---

crowd
[kraud]

(명) 군중, 무리
The boy disappeared into the crowd.
그 소년은 군중 속으로 사라졌다.

(유) group 그룹, 무리

---

giraffe
[dʒərǽf]

(명) 기린
Giraffes are very tall African animals.
기린은 아주 키가 큰 아프리카 동물이다.

---

happen
[hǽpən]

(동) ① (사건 등이) 일어나다, 발생하다　② 우연히 ～하다
What happened at school today?
오늘 학교에서 무슨 일이 일어났니?

(유) occur 일어나다

---

insect
[ínsekt]

(명) 곤충, 벌레
There are many different types of insects.
여러 다른 종류의 곤충들이 있다.

(유) bug 벌레, 곤충

---

pan
[pæn]

(명) (납작한) 냄비, 팬
Heat the oil in a pan. 팬에 기름을 달구세요.

(유) pot (깊은) 냄비

---

diet
[dáiət]

(명) ① 식사　② 식이요법, 다이어트
Try to eat a balanced diet. 균형 잡힌 식사를 하도록 하세요.

(유) meal 식사

---

teenager
[tíːnèidʒər]

(명) 10대(청소년)
When she was a teenager, she dyed her hair.
그녀는 10대 때 머리를 염색했다.

(유) teens 10대

---

net
[net]

(명) 그물, 망, 네트
It is a small fishing net. 그것은 작은 낚시 그물이다.

---

raincoat
[réinkòut]

(명) 우비, 비옷
I need my umbrella and raincoat to go to school today.
오늘 학교에 가려면 우산과 우비가 필요하다.

A 주어진 단어의 뜻을 영어는 우리말로, 우리말은 영어로 쓰세요.

1 sale _____

2 giraffe _____

3 emotion _____

4 happen _____

5 net _____

6 주요한, 주된 _____

7 할 수 있는, 유능한 _____

8 새장, 우리 _____

9 (납작한) 냄비, 팬 _____

10 10대(청소년) _____

B 알맞은 단어를 넣어 주어진 어구를 완성하세요.

1 a large _____ 많은 사람들

2 a(n) _____ bite 벌레 물린 데

3 _____ a dog 개에게 먹이를 주다

4 go on a(n) _____ 다이어트를 하다

5 a useful _____ 유용한 기술

6 wear a(n) _____ 우비를 입다

7 win a(n) _____ 전투에서 이기다

8 make a(n) _____ 소원을 빌다

9 a(n) _____ world 더 나은 세상

10 a small _____ 작은 품목

C 알맞은 단어를 골라 문장을 완성하세요.

1 Kevin is (able / main) to swim. 케빈은 수영을 할 수 있다.

2 There is a hamster in the (cage / item). 우리 안에는 햄스터가 있다.

3 You need a healthy (emotion / diet). 너는 건강한 식단이 필요하다.

4 I have a yellow (teenager / raincoat). 나는 노란 우비가 있다.

5 The (giraffe / pan) is eating leaves. 그 기린은 잎사귀를 먹고 있다.

정답 p.118 ➡

15

Day 03

cancel
[kǽnsəl]

동 취소하다 명 취소
My flight was canceled. 내 비행편이 취소되었다.

---

astronaut
[ǽstrənɔ̀:t]

명 우주 비행사
Astronauts work in space. 우주 비행사는 우주에서 일한다.

참 spaceship
우주선

---

above
[əbʌ́v]

전 ~보다 위에 부 위쪽에
A bird was flying above the trees.
한 마리의 새가 나무 위로 날고 있었다.

반 below
~보다 아래에

---

festival
[féstəvəl]

명 페스티벌, 축제
The town has a summer festival this month.
그 마을은 이번 달에 여름 축제를 연다.

유 carnival
카니발, 축제

---

daily
[déili]

형 ① 매일의 ② 일상적인
It has changed my daily life. 그것은 나의 일상생활을 바꾸어 놓았다.

유 everyday
매일의

---

clock
[klɑk]

명 시계
We have a clock in the kitchen.
부엌에 시계가 하나 있다.

참 watch 손목시계

---

niece
[ni:s]

명 (여자) 조카
If he's my uncle, then I'm his niece.
그가 나의 삼촌이라면 나는 그의 조카이다.

반 nephew
(남자) 조카

---

garbage
[gá:rbidʒ]

명 쓰레기
Please take out the garbage. 쓰레기 좀 버려 주세요.

유 trash 쓰레기

---

crop
[krɑp]

명 농작물, 수확물
Rice is their main crop. 쌀은 그들의 주요 농작물이다.

참 harvest
수확, 추수

---

bell
[bel]

명 종, 종소리
The player did not hear the final bell.
그 선수는 마지막 종소리를 못 들었다.

sail
[seil]

동 항해하다 명 ① 돛 ② 항해
The yacht **sailed** into the harbor. 요트가 항구로 항해했다.

hall
[hɔːl]

명 ① 현관 ② 홀, 넓은 방
The library is opposite the **hall**. 도서관은 홀 맞은편이다.

참 lobby 로비

end
[end]

명 끝 동 끝나다, 끝내다
The work should be done by the **end** of this month.
그 일은 이번 달 말까지 끝내야 한다.

유 finish 끝내다

shut
[ʃʌt]

동 닫다, 폐쇄하다 (shut - shut - shut)
Please **shut** the door behind you. 네 뒤에 문 좀 닫아 줘.

반 open 열다

oil
[ɔil]

명 기름 **oily** 형 기름기가 있는
The Middle Eastern country produces **oil**.
그 중동의 국가는 기름을 생산한다.

thick
[θik]

형 ① 두꺼운 ② 굵은 ③ 밀집한
She was wearing a **thick** sweater.
그녀는 두꺼운 스웨터를 입고 있었다.

반 thin 얇은

page
[peidʒ]

명 페이지, 쪽, 면
For more information, see **page** 25.
더 많은 정보를 원하신다면 25쪽을 보세요.

rat
[ræt]

명 쥐
How did you get rid of **rats** in your house?
당신 집에서 쥐를 어떻게 없앴나요?

유 mouse 쥐

thunder
[θʌ́ndər]

명 천둥, 우레
His students are afraid of **thunder**.
그의 학생들은 천둥을 무서워한다.

참 lightning 번개

bridge
[bridʒ]

명 다리, 교량
I walked across a **bridge**. 나는 걸어서 다리를 건너갔다.

Exercise

A 주어진 단어의 뜻을 영어는 우리말로, 우리말은 영어로 쓰세요.

1	astronaut	_____	6	항해하다, 돛, 항해	_____
2	niece	_____	7	현관, 홀, 넓은 방	_____
3	crop	_____	8	끝, 끝나다, 끝내다	_____
4	bridge	_____	9	기름	_____
5	thick	_____	10	쥐	_____

B 알맞은 단어를 넣어 주어진 어구를 완성하세요.

1	_____ a plan	계획을 취소하다	6	a summer _____	여름 축제
2	an alarm _____	자명종	7	a(n) _____ newspaper	일간지
3	throw away _____	쓰레기를 버리다	8	_____ the door	문을 닫다
4	a roll of _____	천둥 소리	9	turn a(n) _____	페이지를 넘기다
5	a door _____	초인종	10	_____ the tree	나무 위로

C 알맞은 단어를 골라 문장을 완성하세요.

1 My (niece / bell) was born yesterday.   어제 내 조카가 태어났다.

2 Put the can into the (garbage / crop) can.   깡통은 쓰레기통에 넣어라.

3 We will go to the school (festival / bridge).   우리는 학교 축제에 갈 것이다.

4 I will become a(n) (astronaut / clock).   나는 우주 비행사가 될 것이다.

5 The story has a happy (end / shut).   그 이야기는 행복한 결말을 맺는다.

정답 p.118 ➡

sport
[spɔːrt]

몡 운동, 스포츠
Soccer is a popular sport in Korea.
축구는 한국에서 인기 스포츠이다.

윤 exercise 운동

---

across
[əkrɔ́ːs]

전 ① ~을 가로질러, 건너서 ② 걸쳐서 뷔 가로질러
A boy ran across in front of my car.
한 소년이 내 차 앞으로 가로질러 뛰어갔다.

---

million
[míljən]

몡 ① 100만 ② (복수형) 다수
They received over a million letters.
그들은 100만 통이 넘는 편지를 받았다.

참 billion 10억

---

band
[bænd]

몡 악단, 밴드
Guns N' Roses is an American hard rock band.
건즈 앤 로지스는 미국 하드 록 밴드이다.

참 orchestra
관현악단

---

data
[déitə]

몡 자료, 정보
The analysis is based on the data. 그 분석은 그 자료에 근거한다.

윤 information
정보

---

club
[klʌb]

몡 클럽, 동호회, 동아리
I've joined the chess club. 나는 체스 동호회에 가입했다.

---

cousin
[kʌ́zən]

몡 사촌
Steve and I are cousins. 스티브와 나는 사촌이다.

참 relative
친척, 인척

---

elementary
[èləméntəri]

혱 ① 초보의, 초등의 ② 기본의
The student made an elementary error.
그 학생은 기본적인 실수를 했다.

윤 primary
초등학교의

---

cabin
[kǽbin]

몡 ① 오두막 ② 객실, 선실
There is a cabin in the woods. 숲 속에 오두막이 하나 있다.

윤 hut 오두막

---

final
[fáinəl]

혱 ① 마지막의, 최종의 ② 결정적인   finally 뷔 마침내
What was the final score? 최종 점수는 뭐였죠?

윤 last 마지막의

---

global
[glóubəl]

⑱ 전 세계의, 지구 상의
English is a global language. 영어는 전 세계의 언어이다.

㉨ worldwide
전 세계적인

---

healthy
[hélθi]

⑱ ① 건강한 ② 건강에 좋은　　health ⑲ 건강
He feels very healthy. 그는 매우 건강하다고 느낀다.

---

material
[mətí(:)əriəl]

⑲ ① 재료 ② 옷감, 직물 ⑱ 물질의
Her dress was made of a thin material.
그녀의 옷은 얇은 옷감으로 만들었다.

---

noon
[nu:n]

⑲ 정오, 낮 12시
We should be there by noon. 우리는 정오까지 거기에 가야 한다.

㉦ midnight
자정, 밤 12시

---

last
[læst]

⑱ ① 지난 ② 마지막의 ⑧ 계속되다
I ate the last piece of the cake.
내가 케이크 마지막 조각을 먹어버렸다.

---

part
[pɑːrt]

⑲ ① 부분, 일부 ② 부품
The best part of the movie is the ending.
그 영화에서 가장 좋은 부분은 결말이다.

㉨ section 부분

---

realize
[rí(:)əlàiz]

⑧ 깨닫다, 이해하다
They did not realize the risk. 그들은 위험을 깨닫지 못했다.

㉨ understand
이해하다

---

bubble
[bʌ́bl]

⑲ ① 거품, 기포 ② 비눗방울
People saw air bubbles in the water.
사람들이 물속에서 기포를 봤다.

---

shock
[ʃɑk]

⑲ 충격 ⑧ 충격을 주다
It will give him a shock. 그것은 그에게 충격이 될 것이다.

---

tea
[ti:]

⑲ (마시는) 차
Do you want some more tea? 차 좀 더 드실래요?

Exercise

A 주어진 단어의 뜻을 영어는 우리말로, 우리말은 영어로 쓰세요.

1 million _____

2 club _____

3 cousin _____

4 final _____

5 part _____

6 지난, 마지막의 _____

7 재료, 옷감, 직물 _____

8 깨닫다, 이해하다 _____

9 충격, 충격을 주다 _____

10 (마시는) 차 _____

B 알맞은 단어를 넣어 주어진 어구를 완성하세요.

1 _____ the street 길 건너에

2 a(n) _____ in the woods 숲 속의 오두막집

3 a(n) _____ school 초등학교

4 _____ food 건강에 좋은 음식

5 a soap _____ 비누 거품

6 my favorite _____ 내가 가장 좋아하는 운동

7 at _____ 정오에

8 important _____ 중요한 정보

9 a rock _____ 록 밴드

10 a(n) _____ village 지구촌

C 알맞은 단어를 골라 문장을 완성하세요.

1 My sister lives (across / noon) the river. 우리 언니는 강 건너편에 산다.

2 I didn't watch the (cabin / final) game. 나는 결승전을 안 봤다.

3 The boy was blowing a (global / bubble). 그 소년은 비눗방울을 불고 있었다.

4 She is on the tennis (part / club). 그녀는 테니스 클럽에 속해 있다.

5 My father drinks (tea / shock) every day. 우리 아버지는 매일 차를 마신다.

정답 p.118 ➡

Day 05

MP3 듣기 ▶

cash
[kæʃ]

⑲ ① 현금 ② 돈, 자금
Do you want to pay in cash? 현금으로 지불하시겠습니까?

㉮ money 돈

---

add
[æd]

⑧ 더하다, 덧붙이다　**addition** ⑲ 덧셈
Add one cup of sugar to the mixture.
혼합물에 설탕 한 컵을 넣으세요.

---

between
[bitwíːn]

㉠ ~의 사이에
He stood between the desk and the wall.
그는 책상과 벽 사이에 서 있었다.

㉮ among
~의 사이에

---

boss
[bɔːs]

⑲ ① 상사 ② 우두머리, 두목
I'll ask my boss if it is true.
그게 사실인지 아닌지 상사에게 물어볼 것이다.

---

calm
[kɑːm]

⑲ ① 차분한, 침착한 ② 고요한 ⑧ 진정시키다
We were told to stay calm. 우리는 차분히 있으라는 얘기를 들었다.

㉠ excited 흥분한

---

channel
[tʃǽnəl]

⑲ ① (라디오·TV의) 채널, 주파수 ② 경로 ③ 해협
Let's see what's on the other channels.
다른 채널에서는 뭐 하는지 한번 보자.

---

daughter
[dɔ́ːtər]

⑲ 딸
They have a daughter and two sons.
그들에게는 딸 한 명, 아들 둘이 있다.

㉠ son 아들

---

harm
[hɑːrm]

⑲ 해, 손해 ⑧ 해를 끼치다　**harmful** ⑲ 해로운
She'll protect her children from harm.
그녀는 해로움으로부터 아이들을 보호할 것이다.

㉮ damage
손상, 손해

---

engine
[éndʒin]

⑲ 엔진, 기관
The car has four-cylinder engine.
그 자동차는 4기통 엔진을 갖고 있다.

---

friendly
[fréndli]

⑲ ① 친절한 ② 다정한
Most students are very friendly to visitors.
대부분 학생들은 방문객들에게 아주 친절하다.

㉮ kind 친절한

concert
[kánsə(:)rt]

명 연주회, 콘서트
The orchestra will be giving a free concert.
오케스트라는 무료 콘서트를 할 것이다.

land
[lænd]

명 땅, 토지 동 착륙하다
They own land in Alaska. 그들은 알래스카에 땅을 소유하고 있다.

유 ground 지면, 땅

cloudy
[kláudi]

형 흐린, 구름이 많은
Tomorrow will be cloudy and cold. 내일은 흐리고 추울 것이다.

참 windy
바람이 부는

musician
[mju(:)zíʃən]

명 음악가
She's a very talented musician. 그녀는 매우 재능 있는 음악가이다.

참 artist 예술가

performance
[pərfɔ́:rməns]

명 ① 공연, 연주 ② 수행, 실행　perform 동 공연하다; 수행하다
This evening's performance will start at 7 o'clock.
이번 저녁 공연은 7시에 시작할 것이다.

print
[print]

동 인쇄하다 명 ① 인쇄물 ② 활자
I had already printed twenty copies.
내가 벌써 20부를 인쇄해 놓았다.

참 copy 복사하다

sea
[si:]

명 바다
Sea covers much of the Earth's surface.
바다는 지구 표면의 많은 부분을 차지한다.

유 ocean 바다, 해양

reason
[rí:zən]

명 ① 이유, 원인 ② 이성
The police asked her the reason for her visit.
경찰이 그녀의 방문에 대해 이유를 물었다.

유 cause 이유

stage
[steidʒ]

명 ① 무대 ② 단계, 시기
It is an early stage of the disease. 그 질병의 초기 단계이다.

유 step 단계

darkness
[dá:rknis]

명 어둠, 암흑　dark 형 어두운
The sudden blackout left us in darkness.
갑작스러운 정전으로 우리는 어둠 속에 있었다.

반 light 빛

23

Exercise

A 주어진 단어의 뜻을 영어는 우리말로, 우리말은 영어로 쓰세요.

1 between _____

2 darkness _____

3 daughter _____

4 friendly _____

5 reason _____

6 더하다, 덧붙이다 _____

7 상사, 우두머리, 두목 _____

8 차분한, 진정시키다 _____

9 해, 손해, 해를 끼치다 _____

10 무대, 단계, 시기 _____

B 알맞은 단어를 넣어 주어진 어구를 완성하세요.

1 a(n) _____ sky   구름 낀 하늘

2 a car _____   자동차 엔진

3 a(n) _____ hall   콘서트 홀

4 a famous _____   유명한 음악가

5 deep _____   깊은 바다

6 a TV _____   텔레비전 채널

7 pay in _____   현금으로 지불하다

8 dry _____   메마른 땅

9 a live _____   라이브 공연

10 _____ a document   문서를 인쇄하다

C 알맞은 단어를 골라 문장을 완성하세요.

1 Mr. Peterson is my (boss / musician).   피터슨 씨는 나의 상사이다.

2 A cartoon is on (Channel / Engine) 5.   5번 채널에서 만화를 한다.

3 It is (cloudy / calm).   날씨가 흐리다.

4 A street (concert / musician) is performing.   거리의 악사가 공연을 하고 있다.

5 (Add / Harm) some pepper to the soup.   수프에 후추를 첨가하세요.

정답 p.118➡

Review test

A 주어진 단어와 알맞은 뜻을 찾아 연결하세요.

1	abroad ·	· 곤충	6	daily ·	· 초등의
2	culture ·	· 문화	7	elementary ·	· 전 세계의
3	habit ·	· 먹이를 주다	8	global ·	· 공연
4	insect ·	· 습관	9	performance ·	· 매일의
5	feed ·	· 해외에	10	musician ·	· 음악가

B 단어의 관계에 맞게 빈칸을 채우세요.

1 discover : find = _____ : bug

2 battle : _____ = emotion : feeling

3 rainy : rain = curious : _____

4 lonely : alone = door : _____

5 able : unable = thick : _____

6 garbage : _____ = rat : mouse

7 cash : _____ = reason : cause

8 niece : _____ = daughter : son

9 happen : _____ = end : finish

10 oil : oily = _____ : dark

C 알맞은 단어를 넣어 문장을 완성하세요.

1 This car is not for _____ yet.   이 자동차는 아직 판매되고 있지 않다.

2 My sister is a(n) _____.   우리 언니는 10대이다.

3 My mother is always _____.   우리 어머니는 늘 차분하다.

4 We used different _____.   우리는 다른 재료를 사용했다.

5 There is a(n) _____ over the river.   강 위에 다리가 있다.

정답 p.119 ➡

Vocabulary Plus

- ☐ **get up** 일어나다
  I **got up** late in the morning.
  나는 아침에 늦게 일어났다.

- ☐ **stand up** 일어서다, 바람맞히다
  Everybody **stood up**.
  모두 일어섰다.

- ☐ **give up** 포기하다, 단념하다
  He won't **give up** trying.
  그는 노력을 포기하지 않을 것이다.

- ☐ **climb up** 위로 오르다
  Have you ever **climbed up** Mt. Hanla?
  당신은 한라산에 올라가 본 적 있나요?

- ☐ **put down** 내려놓다
  Thomas **put** my key **down** on the sofa.
  토마스는 소파 위에 열쇠를 내려놓았다.

- ☐ **sit down** 앉다
  Why don't we **sit down** here?
  우리 여기에 앉는 게 어때?

- ☐ **turn down** 소리를 작게 하다, 거절하다
  Could you **turn down** the music?
  음악 소리 좀 작게 해 줄 수 있나요?

- ☐ **look for** ~을 찾다
  Alice is **looking for** her bag.
  앨리스는 자신의 가방을 찾고 있다.

- ☐ **wait for** ~을 기다리다
  Luna is **waiting for** you.
  루나는 너를 기다리고 있다.

- ☐ **wait on** 시중들다, ~를 섬기다
  John is **waiting on** some guests.
  존은 손님을 시중들고 있다.

Check-up Test

1 David asked me to _____ _____ him.
데이비드는 내게 기다려 달라고 부탁했다.

2 The boy _____ _____ a tree.
그 소년은 나무 위에 올라갔다.

3 Amy _____ _____ the job offer.
에이미는 일자리 제안을 거절했다.

4 Her mother is _____ _____ her car key.
그녀의 어머니는 차 열쇠를 찾고 있다.

5 My father _____ _____ smoking.
우리 아버지는 담배를 끊으셨다.

정답 p.119 ➡

26

Chapter 02

Day 06
~
Day 10

Day 06

fiction
[fíkʃən]

명 ① 소설 ② 허구
He is a successful writer of romantic fiction.
그는 성공한 낭만 소설의 작가이다.

유 novel 소설

---

adult
[ədʌ́lt]

명 어른, 성인
Tickets are $20 for adults. 성인 표는 20달러이다.

반 child 아이

---

because
[bikɔ́(:)z]

접 왜냐하면, ~이기 때문에
I went by bus because it was cheaper.
저렴하기 때문에 나는 버스를 타고 갔다.

참 because of
~ 때문에

---

language
[lǽŋgwidʒ]

명 언어, 말
How many languages do you speak?
몇 개의 언어를 할 줄 알아요?

참 speech
연설, 담화

---

bottom
[bátəm]

명 ① 아랫부분 ② 밑바닥, 아래쪽
The date is shown at the bottom of your screen.
화면 아래쪽에 날짜가 보인다.

반 top 윗부분

---

spill
[spil]

동 (액체·가루 등을) 엎지르다, 흘리다 (spill - spilt - spilt) 명 유출
I spilt coffee all over my desk. 책상 전체에 커피를 쏟았다.

참 pour
(액체를) 붓다

---

shower
[ʃáuər]

명 ① 샤워(기) ② 소나기
I'm going to have a hot shower. 나는 뜨거운 물로 샤워할 것이다.

참 bath 목욕

---

topic
[tápik]

명 화제, 주제
They tried to think of another topic.
그들은 다른 화제를 생각하려고 했다.

유 subject 주제

---

chain
[tʃein]

명 ① 쇠사슬 ② 연쇄 ③ 연쇄점, 체인점
The hotel chain opened a new hotel in Jeju.
그 호텔 체인은 제주에 새 호텔을 개장했다.

유 series 연속, 연쇄

---

decorate
[dékərèit]

동 장식하다, 꾸미다　decoration 명 장식
Have you decorated your Christmas tree?
크리스마스트리를 장식했어요?

28

every
[évri]

ⓗ 모든, 모두의
He remembered every member of the committee.
그는 위원회의 모든 구성원들을 기억했다.

ⓐ some 약간의

gym
[dʒim]

ⓜ 체육관(= gymnasium)
I try to go to the gym once a week.
나는 일주일에 한 번 체육관에 가려고 한다.

hen
[hen]

ⓜ 암탉
The hen laid eggs every day. 암탉이 매일 알을 낳았다.

ⓑ rooster 수탉

partner
[páːrtnər]

ⓜ 동료, 파트너
The two companies are business partners.
그 두 회사는 사업 파트너이다.

ⓨ co-worker
동료

poem
[póuəm]

ⓜ 시, 운문   poet ⓜ 시인
He wrote a poem about nature. 그는 자연에 관해 시를 썼다.

recipe
[résəpìː]

ⓜ 조리법, 요리법
I didn't read the recipe carefully. 조리법을 주의 깊게 읽지 않았다.

schedule
[skédʒuːl]

ⓜ ① 일정, 예정 ② 시간표
I lost my class schedule. 나는 수업 시간표를 잃어버렸다.

ⓨ plan 계획, 예정

tail
[teil]

ⓜ ① (동물의) 꼬리 ② 뒷부분, 끝
The dog is wagging its tail. 개가 꼬리를 흔들고 있다.

coin
[kɔin]

ⓜ ① 동전 ② 화폐
I have a dollar in coins. 나는 동전으로 1달러를 갖고 있다.

ⓐ bill 지폐

kiss
[kis]

ⓗ 입 맞추다, 키스하다 ⓜ 입맞춤, 키스
She kissed him good night. 그녀는 그에게 굿 나이트 키스를 했다.

ⓐ hug 포옹하다

A 다음 주어진 단어의 뜻을 영어는 우리말로, 우리말은 영어로 쓰세요.

1 because _____

2 decorate _____

3 adult _____

4 hen _____

5 kiss _____

6 동료, 파트너 _____

7 시, 운문 _____

8 조리법, 요리법 _____

9 (동물의) 꼬리 _____

10 화제, 주제 _____

B 알맞은 단어를 넣어 주어진 어구를 완성하세요.

1 _____ day   매일

2 write science _____   과학 소설을 쓰다

3 the _____ of the page   페이지 밑부분

4 a five-cent _____   5센트짜리 동전

5 take a(n) _____   샤워를 하다

6 a bicycle _____   자전거 체인

7 go to the _____   체육관에 가다

8 a foreign _____   외국어

9 _____ coffee   커피를 흘리다

10 weekly _____   주간 일정

C 알맞은 단어를 골라 문장을 완성하세요.

1 I take a (shower / chain) once a day.   나는 하루에 한 번 샤워를 한다.

2 Ted mostly reads (language / fiction).   테드는 주로 소설을 읽는다.

3 This morning, a (hen / partner) laid some eggs.   오늘 아침, 암탉 한 마리가 알을 낳았다.

4 She is writing a (coin / poem).   그녀는 시를 쓰고 있다.

5 What is the (bottom / topic) of the essay?   에세이의 주제가 무엇이니?

정답 p.119 ➡

Day 07

lamb
[læm]

몡 ① 새끼 양 ② 양고기
They are looking for two **lambs**.
그들은 새끼 양 두 마리를 찾고 있다.

㈜ sheep 양

---

collect
[kəlékt]

⑧ 모으다, 수집하다　　**collection** 몡 수집
One of my friends **collects** stamps.
내 친구 중 한 명은 우표를 모은다.

---

ache
[eik]

⑧ 아프다 몡 아픔, 통증
My head began to **ache**. 내 머리가 아프기 시작했다.

㈜ pain 아픔, 고통

---

file
[fail]

몡 파일, 서류철
She received a revised **file**.
그녀는 수정된 파일을 받았다.

㈜ folder
폴더, 서류철

---

beat
[biːt]

⑧ ① 치다, 두드리다 ② ～에게 이기다 (beat - beat - beaten)
The rain **beat** on the roof. 비가 지붕을 두드렸다.

㈜ hit 치다

---

relax
[rilǽks]

⑧ ① 편안하게 하다 ② 쉬다
Just **relax**. There's nothing to worry about.
그냥 편하게 쉬어. 걱정할 거 없어.

㈜ rest 휴식하다

---

beside
[bisáid]

쩐 ① ～ 옆에 ② ～에 비하여
She sat **beside** me during dinner.
저녁 식사 동안 그녀는 내 옆에 앉았다.

㈜ next to ～ 옆에

---

hotel
[houtél]

몡 호텔
He always stays in good **hotels**. 그는 항상 좋은 호텔에 묵는다.

㈜ inn 여관

---

matter
[mǽtər]

몡 ① 문제 ② 물질 ⑧ 중요하다
I have a **matter** to discuss with parents.
나는 부모님과 의논할 문제가 있다.

㈜ issue 문제

---

drawer
[drɔːr]

몡 서랍
The photos are in the top **drawer**.
사진들은 서랍 맨 위 칸에 있다.

noise
[nɔiz]

몡 ① 소음 ② 소리　　noisy 혱 시끄러운
Will you stop making that **noise**?
그 소음 좀 그만 낼래?

---

delay
[diléi]

통 연기하다, 미루다 몡 지연, 지체
Try to find the reason for the **delay**. 지연에 대한 이유를 찾아 봐.

유 postpone
연기하다

---

hero
[hí(ː)ərou]

몡 ① 영웅 ② 남자 주인공
He was a war **hero**. 그는 전쟁 영웅이었다.

반 heroine
여자 주인공

---

everyone
[évriwʌn]

대 누구나, 모두
They invited **everyone** but me.
그들은 나를 제외한 모든 사람들을 초대했다.

유 everybody
모든 사람

---

jog
[dʒɑg]

통 조깅하다 몡 조깅
We began to **jog** along the road.
우리는 길을 따라 조깅을 하기 시작했다.

유 run 달리다

---

quit
[kwit]

통 ① (직장 등을) 그만두다 ② 중지하다 (quit - quit - quit)
She **quit** her job in six months. 그녀는 6개월 만에 일을 그만두었다.

유 stop 중지하다

---

service
[sə́ːrvis]

몡 ① 봉사 ② 서비스 ③ 근무
The restaurant has excellent **service**.
그 레스토랑은 서비스가 훌륭하다.

---

pepper
[pépər]

몡 ① 후추 ② 고추
You need to add **pepper** to the soup.
수프에 후추를 더 넣어야 한다.

참 spice
양념, 향신료

---

sunny
[sʌ́ni]

혱 화창한, 햇볕이 잘 드는
We found a **sunny** place to have lunch.
우리는 점심을 먹을 햇볕이 잘 드는 곳을 찾았다.

참 sunshine 햇빛

---

toilet
[tɔ́ilit]

몡 ① 변기 ② 화장실
They need to replace the **toilet**. 그들은 변기를 교체해야 한다.

유 bathroom
화장실

Exercise

A 주어진 단어의 뜻을 영어는 우리말로, 우리말은 영어로 쓰세요.

1 beat _____
2 beside _____
3 drawer _____
4 everyone _____
5 file _____

6 변기, 화장실 _____
7 편안하게 하다, 쉬다 _____
8 소음, 소리 _____
9 새끼 양, 양고기 _____
10 조깅하다, 조깅 _____

B 알맞은 단어를 넣어 주어진 어구를 완성하세요.

1 stay in a(n) _____ 호텔에 머무르다
2 _____ stamps 우표를 수집하다
3 _____ a meeting 회의를 미루다
4 a war _____ 전쟁 영웅
5 have a(n) _____ in one's back 허리에 통증이 있다

6 a private _____ 개인적인 문제
7 salt and _____ 소금과 후추
8 _____ doing it 그것 하기를 관두다
9 slow _____ 느린 서비스
10 _____ weather 화창한 날씨

C 알맞은 단어를 골라 문장을 완성하세요.

1 I booked a (hotel / relax) room. 나는 호텔 방을 예약했다.
2 Who is your favorite (hero / drawer) in history? 당신이 가장 좋아하는 역사 속 영웅은 누구인가?
3 He is as gentle as a (pepper / lamb). 그는 어린 양처럼 온순하다.
4 Graham is upset with their terrible (service / matter). 그레이엄은 그들의 최악의 서비스 때문에 화가 났다.
5 She flushed the (noise / toilet). 그녀는 변기의 물을 내렸다.

정답 p.119 ➡

Day 08

MP3 듣기 ▶

adventure
[ədvéntʃər]

옝 모험, 모험심　　**adventurous** 옝 모험적인, 대담한
The children were looking for adventure.
아이들은 모험을 찾고 있었다.

---

staff
[stæf]

옝 직원
The staff are not happy about the news.
직원들은 그 소식에 기쁘지 않다.

윤 employee 직원

---

golden
[góuldən]

옝 ① 금빛의 ② 금으로 된
The island has long golden beaches.
그 섬에는 긴 금빛 해변이 있다.

참 silver 은의

---

base
[beis]

옝 ① 기초, 토대 ② 맨 아래 부분　　**basic** 옝 기초적인
Your bed has a heavy base. 너의 침대의 밑받침은 무겁다.

---

jewelry
[dʒú:əlri]

옝 보석류, 장신구
The store sells jewelry. 그 매장은 보석류를 판다.

윤 gem 보석, 보물

---

bend
[bend]

옝 구부리다, 굽히다 (bend - bent - bent)
He bent a wire into a circle. 그는 철사를 구부려 원을 만들었다.

---

eastern
[í:stərn]

옝 동쪽의, 동쪽에 있는
They live in the eastern part of the city.
그들은 도시의 동쪽에 산다.

반 western 서쪽의

---

campaign
[kæmpéin]

옝 운동, 캠페인
It is an advertising campaign. 그것은 광고 캠페인이다.

---

mix
[miks]

옝 섞다, 혼합하다
Mix the flour with the eggs. 밀가루를 계란과 섞어라.

윤 blend 섞다

---

cave
[keiv]

옝 동굴
They were trapped in the cave. 그들은 동굴에 갇혔다.

deer
[diər]

명 사슴
A young deer is called a fawn. 어린 사슴을 fawn이라 부른다.

energy
[énərdʒi]

명 힘, 에너지
She didn't even have the energy to walk.
그녀는 걸을 힘조차 없었다.

유 power 힘

finger
[fíŋgər]

명 손가락
He has long fingers. 그는 손가락이 길다.

참 thumb
엄지손가락

ice
[ais]

명 얼음   icy 형 얼음의; 얼음으로 된
Ice covered most of the lake. 얼음이 호수 대부분을 덮고 있다.

scientist
[sáiəntist]

명 과학자   science 명 과학
They are scientists at the University of Miami.
그들은 마이애미 대학 과학자들이다.

lie
[lai]

명 거짓말   동 ① 거짓말하다 (lie - lied - lied)
② 눕다 ③ 놓여 있다 (lie - lay - lain)
I was lying on the bed watching television.
나는 텔레비전을 보면서 침대에 누워 있었다.

반 truth 진실

real
[ríːəl]

형 진짜의, 정말의   reality 명 진실, 사실
I had never met a real pop star.
나는 진짜 팝스타를 만나 본 적은 없었다.

safety
[séifti]

명 안전   safe 형 안전한
The airline has a poor safety record.
그 항공사는 형편없는 안전 기록을 갖고 있다.

반 danger 위험

pet
[pet]

명 애완동물
They are not pet owners. 그들은 애완동물 주인들이 아니다.

참 pat 쓰다듬다

talent
[tǽlənt]

명 재능, 소질   talented 형 재능이 있는, 유능한
His daughter has a talent for music. 그의 딸은 음악에 소질이 있다.

유 ability 재능, 솜씨

A 주어진 단어의 뜻을 영어는 우리말로, 우리말은 영어로 쓰세요.

1　staff　　_____

2　scientist　_____

3　safety　　_____

4　real　　　_____

5　jewelry　_____

6　기초, 토대　　_____

7　구부리다, 굽히다　_____

8　동굴　　_____

9　사슴　　_____

10　힘, 에너지　_____

B 알맞은 단어를 넣어 주어진 어구를 완성하세요.

1　_____ flour with water　밀가루와 물을 섞다

2　keep a(n) _____　애완동물을 키우다

3　artistic _____　예술적 재능

4　tell a(n) _____　거짓말을 하다

5　a(n) _____ cube　얼음 조각

6　a(n) _____ story　모험 이야기

7　a(n) _____ slogan　캠페인 슬로건

8　the _____ part　동부

9　an index _____　검지

10　a(n) _____ crown　금으로 만든 왕관

C 알맞은 단어를 골라 문장을 완성하세요.

1　(Bend / Lie) your knees.　　무릎을 굽혀라.

2　A (deer / pet) was looking into the window.　사슴 한 마리가 창문 안을 들여다보고 있었다.

3　Your brain needs (base / energy).　당신의 뇌는 에너지가 필요하다.

4　Please wear (safety / eastern) helmets.　안전모를 착용하세요.

5　My uncle is a (scientist / campaign).　우리 삼촌은 과학자이다.

정답 p.119 ➡

Day 09

MP3 듣기 ▶

electric
[iléktrik]

(형) ① 전기의 ② 전기로 움직이는　**electricity** (명) 전기
I'm going to buy an electric kettle. 나는 전기 주전자를 살 것이다.

---

advice
[ədváis]

(명) 충고, 조언　**advise** (동) 충고하다
Ask your father for advice. 아버지께 조언을 구해라.

---

bark
[bɑ:rk]

(동) (개 등이) 짖다 (명) ① (개 등이) 짖는 소리 ② 나무껍질
The dog started barking at me. 그 개는 나를 보고 짖기 시작했다.

---

how
[hau]

(부) ① (방법 · 수단 · 절차) 어떻게 ② (수량 · 정도) 얼마나
How old is Chris? 크리스는 몇 살이야?

---

behind
[biháind]

(전) ~의 뒤에 (부) 뒤에, 뒤에서
The car behind us is black. 우리 뒤에 있는 차는 검정이다.

(반) in front of
~의 앞에

---

congratulate
[kəngrǽtʃəlèit]

(동) 축하하다　**congratulation** (명) 축하
I congratulated him on his promotion.
나는 그의 승진을 축하했다.

---

design
[dizáin]

(명) 디자인, 설계 (동) 디자인하다, 설계하다
designer (명) 디자이너, 설계자
There's a basic design fault. 기본적인 디자인 결함이 있다.

---

most
[moust]

(형) ① 가장 큰[많은] ② 대부분의 (부) 가장 (명) 대부분
My sister looks the most like my mother.
내 여동생은 엄마를 가장 많이 닮았다.

(참) more
더 많은, 더 큰

---

everybody
[évribàdi]

(대) 누구나, 모든 사람
Everybody likes birthday cakes.
모든 사람이 생일 케이크를 좋아한다.

(유) everyone
모든 사람

---

flour
[fláuər]

(명) ① 밀가루 ② 가루
I bought some flour from the health food store.
나는 건강식품 매장에서 밀가루를 좀 샀다.

(참) wheat 밀

---

just
[dʒʌst]

㈜ ① 바로, 방금 ② 다만, 단지
They left just now. 그들은 바로 지금 떠났다.

capital
[kǽpitəl]

㈃ ① 수도 ② 자본, 자금 ③ 대문자
Paris is the capital of France. 파리는 프랑스의 수도이다.

prefer
[prifə́:r]

㈜ 더 좋아하다, 선호하다　**preference** ㈃ 선호
Most Americans prefer coffee to tea.
대부분 미국인들은 차보다 커피를 더 좋아한다.

record
[rikɔ́:rd]

㈜ ① 기록하다 ② 녹음[녹화]하다 ㈃ ① 기록 ② 레코드, 음반
I'll try to keep a record of everything.
나는 모든 것을 기록하려고 할 것이다.

pattern
[pǽtərn]

㈃ ① 패턴, 양식 ② 무늬
The table cloth has interesting patterns.
식탁보는 재미있는 무늬가 있다.

㈌ style 스타일, 양식

seem
[si:m]

㈜ ~인 것 같다, ~처럼 보이다
My daughter seems happy. 내 딸은 행복해 보인다.

kingdom
[kíŋdəm]

㈃ 왕국
Queen Mary ruled the kingdom. 메리 여왕이 그 왕국을 통치했다.

㈌ country
국가, 나라

snowy
[snóui]

㈅ ① 눈이 내리는 ② 눈이 덮인
The place is snowy and cold. 그 장소는 눈이 내리고 춥다.

㈎ rainy 비가 내리는

stamp
[stæmp]

㈃ ① 우표 ② 도장
It is a valuable stamp collection. 그것은 귀중한 우표 수집물이다.

there
[ðɛ́ər]

㈜ 그곳에, 저기에
Wait there until I get back. 내가 돌아올 때까지 그곳에서 기다려.

㈏ here 여기에

Exercise

A 주어진 단어의 뜻을 영어는 우리말로, 우리말은 영어로 쓰세요.

1	advice	_____	6	바로, 방금, 다만, 단지	_____
2	everybody	_____	7	가장 큰[많은], 대부분의	_____
3	prefer	_____	8	밀가루, 가루	_____
4	stamp	_____	9	어떻게, 얼마나	_____
5	there	_____	10	(개 등이) 짖다, 나무껍질	_____

B 알맞은 단어를 넣어 주어진 어구를 완성하세요.

1	_____ the tree	나무 뒤에	6	a(n) _____ car	전기차
2	_____ the winner	승자를 축하하다	7	a striped _____	줄무늬
3	_____ a poster	포스터를 디자인하다	8	_____ a TV program	TV프로그램을 녹화하다
4	the animal _____	동물의 왕국	9	_____ sad	슬퍼 보이다
5	the _____ of Korea	한국의 수도	10	a(n) _____ day	눈 내리는 날

C 알맞은 단어를 골라 문장을 완성하세요.

1 I (prefer / design) comedies to action movies.　나는 액션 영화보다 코미디를 더 좋아한다.

2 The kid put a (stamp / flour) on the envelop.　그 어린이는 봉투에 우표를 붙였다.

3 The dogs (congratulate / bark) very loudly.　그 개들은 매우 시끄럽게 짖는다.

4 I need some (capital / advice).　나는 조언이 좀 필요하다.

5 I've (just / most) arrived at the airport.　나는 막 공항에 도착했다.

정답 p.120

against
[əgénst]

ⓟ ① ~에 반대하여 ② ~에 대항하여 ③ ~에 대비하여
The king fought against the Persians.
그 왕은 페르시아인들을 상대로 싸웠다.

---

thief
[θi:f]

ⓜ 도둑, 절도범
The thief stole a painting from the museum.
도둑이 박물관에서 그림 한 점을 훔쳤다.

ⓨ robber 강도

---

apologize
[əpálədʒàiz]

ⓓ 사과하다, 사죄하다   apology ⓜ 사과, 사죄
You should apologize to your customers.
당신은 고객들에게 사과해야 한다.

---

bill
[bil]

ⓜ ① 청구서, 계산서 ② 지폐 ③ 법안
I always pay my bills on time. 나는 항상 청구서들을 제때 지불한다.

ⓒ coin 동전

---

ceiling
[síːliŋ]

ⓜ ① 천장 ② 최고치
They hated painting the ceiling.
그들은 천장에 페인트칠하는 것을 싫어했다.

ⓒ floor 바닥

---

guard
[gɑːrd]

ⓓ 보호하다, 지키다 ⓜ 경호원
They were sent to guard our soldiers.
그들은 우리 군인들을 보호하기 위해서 보내졌다.

ⓨ protect
보호하다

---

novel
[návəl]

ⓜ 소설 ⓗ 새로운   novelist ⓜ 소설가
She was reading a novel by Jane Austen.
그녀는 제인 오스틴의 소설을 읽고 있었다.

ⓨ fiction 소설

---

connect
[kənékt]

ⓓ 연결하다, 접속하다
He carefully connected the two wires.
그는 두 개의 철사를 조심스럽게 연결했다.

ⓨ link 연결하다

---

centimeter
[séntəmìːtər]

ⓜ 센티미터(길이의 단위)
There is a ten centimeter gap. 10센티미터의 간격이 있다.

ⓒ meter 미터

---

doll
[dɑl]

ⓜ 인형
My sister collects dolls. 내 여동생은 인형을 모은다.

ⓨ toy 장난감

---

exam
[igzǽm]

⑲ 시험, 검사(= examination)
Brian passed the entrance exam.
브라이언은 입학시험을 통과했다.

㉴ test 시험

---

flight
[flait]

⑲ ① 비행 ② 항공편
My flight has been delayed. 내 항공편은 지연되었다.

---

hometown
[hóumtáun]

⑲ 고향
The man finally returned to his hometown.
남자는 마침내 고향으로 돌아왔다.

㉴ homeland 고향

---

lead
[li:d]

⑧ 이끌다, 안내하다 (lead - led - led) ⑲ 선두   **leader** ⑲ 지도자
Who will be leading the discussion? 누가 토론을 이끌게 될까?

㉴ guide 안내하다

---

seaside
[sí:sàid]

⑲ 해변, 바닷가
This was my first holiday at the seaside.
이것은 바닷가에서 나의 첫 번째 휴가였다.

㉴ seashore
해안, 해변

---

mean
[mi:n]

⑧ 의미하다, 뜻하다 (mean - meant - meant)
What does this word mean? 이 단어는 무슨 뜻인가요?

---

photo
[fóutou]

⑲ 사진(= photograph)
She is looking at photos of her grandchildren.
그녀는 손자들의 사진을 보고 있다.

㉴ picture 사진

---

restroom
[réstrùm]

⑲ (공공장소의) 화장실
We had to use restrooms in the public building.
우리는 공공건물에 있는 화장실을 이용해야 했다.

㉴ bathroom
화장실

---

social
[sóuʃəl]

⑲ ① 사회의 ② 사교적인   **society** ⑲ 사회
Health care is a major social issue.
건강 관리는 주요한 사회 문제이다.

---

system
[sístəm]

⑲ ① 체계, 시스템 ② 체제, 제도   **systematic** ⑲ 체계적인
They decided to install a security system.
그들은 보안 시스템을 설치하기로 결정했다.

A 주어진 단어의 뜻을 영어는 우리말로, 우리말은 영어로 쓰세요.

1 mean _____

2 novel _____

3 restroom _____

4 seaside _____

5 social _____

6 ~에 반대하여, ~에 대항하여 _____

7 센티미터(길이의 단위) _____

8 시험, 검사 _____

9 비행, 항공편 _____

10 고향 _____

B 알맞은 단어를 넣어 주어진 어구를 완성하세요.

1 _____ for the mistake   실수에 대해 사과하다

2 a phone _____   전화비 고지서

3 on the _____   천장에

4 a(n) _____ house   인형의 집

5 _____ the door   문을 지키다

6 _____ a meeting   회의를 이끌다

7 a computer _____   컴퓨터 시스템

8 catch a(n) _____   도둑을 잡다

9 take a(n) _____   사진을 찍다

10 _____ to the Internet   인터넷에 접속하다

C 알맞은 단어를 골라 문장을 완성하세요.

1 Red (means / apologizes) "stop".   빨간색은 '정지'를 의미한다.

2 She has poor (social / novel) skills.   그녀는 사교적 능력이 부족하다.

3 They were (guard / against) the plan.   그들은 그 계획에 반대했다.

4 A (centimeter / flight) is 10 millimeters.   1센티미터는 10밀리미터이다.

5 We have an important (exam / system) on Monday.   우리는 월요일에 중요한 시험이 있다.

정답 p.120 ➡

A 주어진 단어와 알맞은 뜻을 찾아 연결하세요.

1 shower •   • 아픔   6 adventure •   • 사과하다

2 fiction •   • 미루다   7 campaign •   • 왕국

3 language •   • 샤워   8 electric •   • 모험, 모험심

4 ache •   • 소설   9 kingdom •   • 운동, 캠페인

5 delay •   • 언어   10 apologize •   • 전기의

B 단어의 관계에 맞게 빈칸을 채우세요.

1 adult : _____ = top : bottom

2 decorate : _____
   = collect : collection

3 hen : _____ = girl : boy

4 topic : subject = rest : _____

5 stop : quit = delay : _____

6 matter : _____ = beside : next to

7 safety : danger
   = in front of : _____

8 energy : power = mix : _____

9 _____ : connect = guard : protect

10 novel : fiction = photo : _____

C 알맞은 단어를 넣어 문장을 완성하세요.

1 The dog wagged its _____.   개가 꼬리를 흔들었다.

2 I read a(n) _____ book.   나는 요리책을 읽었다.

3 Please don't make a(n) _____.   시끄럽게 굴지 마시오.

4 We had a picnic on a(n) _____day.   우리는 햇빛이 화창한 날에 소풍을 갔다.

5 A lot of bats are living in the _____.   동굴 안에는 많은 박쥐들이 살고 있다.

정답 p.120 ➡

Vocabulary Plus

☐ **get away** 도망치다, 휴가를 가다	He wants to **get away** from his work. 그는 자신의 업무로부터 벗어나고 싶어 한다.	
☐ **go away** 가다, 떠나다	The Petersons **went away** for the weekend. 피터슨 씨 가족은 주말에 멀리 여행을 떠났다.	
☐ **run away** 도망치다	An elephant **ran away** from the zoo. 코끼리 한 마리가 동물원에서 탈출했다.	
☐ **throw away** 버리다	I will **throw away** my old computer. 나는 나의 오래된 컴퓨터를 버릴 것이다.	
☐ **get out** 나가다	**Get out** of the building as soon as possible. 가능한 한 빨리 빌딩에서 나가라.	
☐ **get to** ~에 도착하다	Olivia **got to** the airport in the morning. 올리비아는 아침에 공항에 도착했다.	
☐ **go back** 되돌아가다	He wants to **go back** to his hometown. 그는 자신의 고향으로 되돌아오고 싶어 한다.	
☐ **go on** 계속되다	The meeting **went on** until noon. 회의는 정오까지 계속되었다.	
☐ **come back** 돌아오다	When is he **coming back**? 그가 언제 돌아오나요?	
☐ **come in** 들어오다	You can **come in** my house. 당신은 나의 집에 들어와도 된다.	

Check-up Test

1 I need to _____ _____ for a few days.
나는 며칠 휴가를 가야 한다.

2 The winter sale will _____ _____ for two weeks.
겨울 세일은 2주 동안 계속될 것이다.

3 Thomas didn't hear them _____ _____.
토마스는 그들이 들어오는 것을 듣지 못했다.

4 I will call you when I _____ _____ the library.
나는 도서관에 도착하면 너에게 전화할 것이다.

5 They _____ _____ some old clothes.
그들은 오래된 옷을 버렸다.

정답 p.120 ➡

Chapter 03

Day 11
~
Day 15

Day 11

MP3 듣기 ▶

liberty
[líbərti]

⑲ 자유
They fought for liberty.
그들은 자유를 위해 싸웠다.

㈜ freedom 자유

---

succeed
[səksíːd]

⑧ ① 성공하다 ② 뒤를 잇다　success ⑲ 성공
The plan might succeed. 그 계획은 성공할지도 모른다.

---

ago
[əgóu]

⑨ ~ 전에
He was here a minute ago. 그는 1분 전에 여기 있었다.

---

bird
[bəːrd]

⑲ 새, 조류
Female birds lay eggs. 암컷 새는 알을 낳는다.

---

bat
[bæt]

⑲ ① 방망이, 배트 ② 박쥐
Swing the bat higher. 배트를 더 높이 휘둘러라.

---

celebrate
[séləbrèit]

⑧ 축하하다, 기념하다　celebration ⑲ 축하
We celebrated her promotion. 우리는 그녀의 승진을 축하했다.

---

universe
[júːnəvə̀ːrs]

⑲ ① 우주 ② 세계　universal ⑲ 우주의
How many stars are there in the universe?
우주에는 얼마나 많은 별이 있을까?

㈜ space 우주

---

continue
[kəntínju(ː)]

⑧ 계속하다　continual ⑲ 끊임없는
My teacher continued typing while she spoke.
선생님은 말씀하시면서 계속 타이핑을 했다.

---

dot
[dɑt]

⑲ ① (동그란) 점 ② 얼룩
There are tiny dots on the tail. 꼬리에 미세한 점들이 있다.

㈜ spot (작은) 점

---

seed
[siːd]

⑲ 씨, 씨앗
You can sow the sunflower seeds. 해바라기 씨앗을 뿌리면 된다.

everything
[évriθìŋ]

ⓓ 모든 것, 전부
Everything is done by computer. 모든 것은 컴퓨터로 한다.

ⓤ all 모두, 전체

---

fun
[fʌn]

ⓜ 즐거움, 재미 ⓗ 즐거운, 재미있는   **funny** ⓗ 우스운, 웃기는
The kids had a lot of fun with those old toys.
아이들은 저 오래된 장난감으로 아주 즐거운 시간을 보냈다.

---

impress
[imprés]

ⓥ 감동을 주다, 인상을 주다   **impression** ⓜ 감명, 인상
We tried to impress our teachers.
우리는 선생님들에게 감동을 주려고 애썼다.

---

medium
[míːdiəm]

ⓗ 중간의 ⓜ 매체
I have a medium sized book. 중간 정도 크기의 책이 한 권 있다.

ⓤ middle 중간의

---

name
[neim]

ⓜ 이름 ⓥ 이름을 붙이다
What's the name of this flower? 이 꽃 이름이 뭐죠?

ⓒ nickname 별명

---

some
[sʌm]

ⓗ ① 약간의, 얼마간의 ② 어떤
Let me give you some advice. 충고 좀 할게.

---

return
[ritə́ːrn]

ⓥ ① 돌아가다(오다) ② 돌려주다 ⓜ 돌아감, 귀국
My father returned home around midnight.
아버지는 자정쯤에 집에 돌아오셨다.

ⓤ come back
돌아오다

---

still
[stil]

ⓑ 아직도, 여전히 ⓗ 고요한, 정지한
They were still cleaning the room.
그들은 아직도 방을 청소하고 있었다.

---

tape
[teip]

ⓜ 테이프, 좁고 납작한 끈
Her glasses are held together with tape.
그녀의 안경은 테이프로 고정되었다.

ⓒ string 끈, 줄

---

plus
[plʌs]

ⓟ ~을 더하여
Three plus eight is eleven. 3 더하기 8은 11이다.

ⓑ minus ~을 뺀

Exercise

A 주어진 단어의 뜻을 영어는 우리말로, 우리말은 영어로 쓰세요.

1 universe _____
2 still _____
3 some _____
4 plus _____
5 name _____

6 자유 _____
7 감동을 주다, 인상을 주다 _____
8 모든 것, 전부 _____
9 (동그란) 점, 얼룩 _____
10 계속하다 _____

B 알맞은 단어를 넣어 주어진 어구를 완성하세요.

1 a few years _____ 몇 년 전에
2 swing a(n) _____ 방망이를 휘두르다
3 a singing _____ 노래 부르는 새
4 a(n) _____ size 중간 사이즈
5 plant a(n)_____ 씨앗을 심다

6 _____ in business 사업에서 성공하다
7 packing _____ 포장 테이프
8 a(n) _____ person 재미있는 사람
9 _____ Christmas 크리스마스를 기념하다
10 _____ a book 책을 돌려주다

C 알맞은 단어를 골라 문장을 완성하세요.

1 Music means (everything / dot) to me.   음악은 나에게 있어서 모든 것이다.

2 His (name / medium) is Peter.   그의 이름은 피터이다.

3 Seven (plus / bat) one equals eight.   7 더하기 1은 8이다.

4 Jack is (still / ago) living in Seoul.   잭은 아직 서울에 살고 있다.

5 The speech will (impress / continue) for 30 minutes.   연설은 30분 동안 지속될 것이다.

정답 p.120 ➡

Day 12

MP3 듣기 ▶

stuff [stʌf]	⑲ 물건, 물질 ⑧ ~에 채우다 What's all this stuff on your desk? 네 책상에 이 물건들 다 뭐냐?	㉤ object 사물, 물건
agree [əgríː]	⑧ ① 동의하다 ② 일치하다　agreement ⑲ 동의; 협정 Some people agreed that the house was too small. 일부 사람들은 그 집이 너무 작다는 데 동의했다.	㉥ disagree 동의하지 않다
birth [bəːrθ]	⑲ 출생, 탄생　bear ⑧ (아이를) 낳다 He is happy to announce the birth of his son. 그는 아들의 탄생을 알리게 되어 기쁘다.	㉥ death 사망
excite [iksáit]	⑧ 흥분시키다, 자극하다　excitement ⑲ 흥분, 신남 The posters excited the students. 포스터는 학생들을 흥분시켰다.	
invention [invénʃən]	⑲ ① 발명 ② 발명품　invent ⑧ 발명하다 The invention of the Internet changed our daily lives. 인터넷의 발명은 우리의 일상생활을 바꾸었다.	
burn [bəːrn]	⑧ ① (불에) 타다 ② (불)태우다 The researchers knew that something was burning. 연구원들은 무언가 타고 있다는 것을 알았다.	
seek [siːk]	⑧ ① 찾다 ② 추구하다 (seek - sought - sought) The prince is seeking a wife. 왕자는 부인을 찾고 있다.	㉤ look for ~을 찾다
center [séntər]	⑲ ① 중앙, 한가운데 ② 중심지 It is in the center of the building. 그것은 건물 한가운데 있다.	㉤ middle 중앙, 한가운데
copy [kápi]	⑲ ① 복사 ② 사본 ⑧ 복사하다, 베끼다 The student made a copy of the designer dress. 그 학생은 디자이너의 드레스를 베꼈다.	
down [daun]	㉠ ㉡ 아래로, 아래쪽으로 We watched the sun go down. 우리는 해가 지는 것을 보았다.	㉥ up 위로

gentle
[dʒéntl]

혱 부드러운, 온화한
Sue is such a gentle and loving girl.
수는 매우 온화하고 사랑스러운 소녀이다.

㈌ mild 온화한

---

pot
[pɑt]

몡 ① 단지, 항아리 ② (깊은) 냄비
He puts coins in the pot. 그는 항아리 안에 동전을 넣는다.

㈌ pan (납작한) 냄비

---

law
[lɔː]

몡 ① 법, 법률 ② 규칙, 규정
Mr. Duncan has proposed a new law.
던컨 씨가 새로운 법을 제안했다.

㈌ rule 규칙, 규정

---

metal
[métəl]

몡 금속
They are made of metal and hard.
그것들은 금속으로 만들었고 단단하다.

---

nobody
[nóubàdi]

때 아무도 ~ 않다
Nobody knows our secret. 아무도 우리의 비밀을 모른다.

---

square
[skwɛər]

몡 정사각형
Cut the fabric into squares. 천을 정사각형으로 자르세요.

㈎ rectangle
직사각형

---

role
[roul]

몡 ① 역할 ② 배역
She likes her role in the play.
그녀는 연극에서 자신의 배역을 마음에 들어 한다.

㈎ role-play
역할극

---

stomach
[stʌ́mək]

몡 ① 위 ② 배, 복부
My brother has a problem with his stomach.
남동생은 배에 이상이 있다.

㈎ stomachache
복통

---

thumb
[θʌm]

몡 엄지손가락
I accidentally cut my thumb. 실수로 엄지손가락을 베었다.

㈎ palm 손바닥

---

until
[əntíl]

쩝 ~까지
You'll just have to wait until they call your name.
그들이 당신의 이름을 부를 때까지 기다리면 된다.

Exercise

The Vocabulary

A 주어진 단어의 뜻을 영어는 우리말로, 우리말은 영어로 쓰세요.

1 excite _____ 6 아무도 ~ 않다 _____

2 down _____ 7 단지, 항아리, 냄비 _____

3 copy _____ 8 찾다, 추구하다 _____

4 burn _____ 9 물건, 물질 _____

5 agree _____ 10 ~까지 _____

B 알맞은 단어를 넣어 주어진 어구를 완성하세요.

1 give _____ 아기를 낳다 6 a piece of _____ 금속 조각

2 the _____ of the circle 원의 가운데 7 a(n) _____ model 역할 모델

3 a(n) _____ voice 부드러운 목소리 8 draw a(n) _____ 정사각형을 그리다

4 a creative _____ 창의적인 발명품 9 a pain in the _____ 복통

5 break the _____ 법을 어기다 10 suck one's _____ 엄지손가락을 빨다

C 알맞은 단어를 골라 문장을 완성하세요.

1 Will you (copy / seek) these pages for me? 나에게 이 페이지들 좀 복사해 주겠니?

2 (Nobody / Down) was home. 아무도 집에 없었다.

3 We studied (stuff / until) 8. 우리는 8시까지 공부했다.

4 I'll come (down / thumb) in a minute. 곧 내려갈게.

5 I (agree / excite) with you. 너의 말에 동의한다.

정답 p.121➡

Day 13

MP3 듣기 ▶

count
[kaunt]

⑧ (수를) 세다, 계산하다
She didn't count the money in her bag.
그녀는 가방에 있는 돈을 세지 않았다.

⑪ number
(수를) 세다

---

below
[bilóu]

㉠ ~보다 아래에 ⑨ 아래에
For further information, see below.
더 많은 정보를 원하시면 아래를 보세요.

㉝ above
~보다 위에

---

self
[self]

⑨ ① 자기 자신 ② 자아
The hero finally finds his true self.
그 영웅은 마침내 진정한 자아를 찾는다.

---

century
[séntʃəri]

⑨ 세기, 100년
The castle was built in the early 17th century.
그 성은 17세기 초반에 지어졌다.

㉦ decade 10년간

---

coach
[koutʃ]

⑨ ① (스포츠 팀) 코치, 감독 ② 대형 사륜마차
The baseball team has a new coach.
그 야구팀에 새로운 감독이 왔다.

⑪ trainer
트레이너, 코치

---

rude
[ru:d]

⑱ 버릇없는, 무례한
It's rude to keep me waiting.
나를 기다리게 한 것은 무례하다.

㉝ polite 예의 바른

---

dozen
[dʌ́zən]

⑨ 다스, 12개
The chef needs a dozen eggs for the dish.
요리사는 그 요리를 위해 12개의 계란이 필요하다.

---

environment
[inváiərənmənt]

⑨ 환경   environmental ⑱ 환경의
Pollution is bad for the environment. 오염은 환경에 좋지 않다.

---

gesture
[dʒéstʃər]

⑨ ① 몸짓, 제스처 ② 의사 표시
Chris made a gesture of apology. 크리스는 사과의 몸짓을 했다.

---

international
[ìntərnǽʃənəl]

⑱ 국제적인
The lady works for an international aid organization.
그 여성은 국제 구호 단체에서 일한다.

⑪ global 세계적인

---

aid
[eid]

명 ① 도움 ② 원조, 지원 동 돕다
The UN provided economic aid to them.
UN은 그들에게 경제 원조를 제공했다.

유 help 돕다

---

merry
[méri]

형 명랑한, 즐거운
Have a merry Christmas! 즐거운 크리스마스 보내세요!

---

over
[óuvər]

전 (떨어져서) ~의 위에
There is a bridge over the river. 강 위에 다리가 하나 있다.

참 on
(접촉) ~의 위에

---

step
[step]

명 ① 걸음 ② 단계
The door is just a few steps from the chair.
문은 의자에서 몇 걸음밖에 안 된다.

참 footstep 발자국

---

hug
[hʌg]

동 껴안다 명 포옹
People are hugging each other. 사람들은 서로 껴안고 있다.

---

someone
[sʌ́mwʌn]

대 누군가, 어떤 사람
We need someone like you. 우리는 당신 같은 사람이 필요하다.

유 somebody
누군가

---

useful
[júːsfəl]

형 유용한, 쓸모 있는   usefully 부 유용하게
Here is some useful information about study.
여기 공부에 관해 몇 가지 유용한 정보가 있다.

반 useless
쓸모없는

---

pole
[poul]

명 ① 막대기, 장대 ② (지구·자석의) 극
These poles are easier to carry. 이 장대들은 옮기기 더 쉽다.

유 stick 막대기

---

subject
[sʌ́bdʒikt]

명 ① 주제 ② 과목
Can we talk about a different subject?
우리 다른 주제에 대해 얘기할 수 있을까요?

유 topic 주제

---

tip
[tip]

명 ① (뾰족한) 끝 ② 팁, 사례금 ③ 조언, 경고
They got a tip on the stock market.
그들은 주식 시장에 관해 조언을 들었다.

유 end 끝

A 주어진 단어의 뜻을 영어는 우리말로, 우리말은 영어로 쓰세요.

1 aid _____

2 someone _____

3 self _____

4 rude _____

5 pole _____

6 (뾰족한) 끝, 사례금, 조언, 경고 _____

7 ~보다 아래에 _____

8 (스포츠 팀) 코치, 감독 _____

9 껴안다, 포옹 _____

10 (떨어져서) ~의 위에 _____

B 알맞은 단어를 넣어 주어진 어구를 완성하세요.

1 make a(n) _____ 몸짓을 하다

2 the 21st _____ 21세기

3 _____ down (수를) 거꾸로 세다

4 a(n) _____ eggs 12개의 알

5 the natural _____ 자연 환경

6 _____ events 국제 행사

7 _____ advice 유용한 조언

8 _____ by step 단계별로

9 a(n) _____ song 즐거운 노래

10 my favorite _____ 내가 가장 좋아하는 과목

C 알맞은 단어를 골라 문장을 완성하세요.

1 I gave the waiter a (tip / step). 나는 웨이터에게 팁을 지불했다.

2 There is (someone / subject) at the door. 문가에 누군가가 있다.

3 Don't be (dozen / rude). 무례하게 굴지 마라.

4 The sun is rising (over / pole) the mountains. 태양이 산 위로 솟아오르고 있다.

5 He is a volleyball (century / coach). 그는 배구 감독이다.

정답 p.121 ➡

Day 14

MP3 듣기 ▶

almost
[ɔ́:lmoust]

㉿ 거의, 대부분
The baby is almost walking now. 아기는 지금 거의 걷는다.

㉤ nearly 거의

---

various
[vέ(:)əriəs]

㉡ 다양한, 여러 가지의   variety ㉢ 다양성, 여러 가지
There are various ways of solving the problem.
그 문제를 해결하는 여러 가지 방법들이 있다.

---

port
[pɔːrt]

㉢ 항구
The port of New York is the busiest port in the U. S.
뉴욕 항은 미국에서 가장 붐비는 항구이다.

㉤ harbor 항구

---

bitter
[bítər]

㉡ (맛이) 쓴
The coffee was bitter. 커피는 쓴맛이 났다.

㉿ sour
(맛이) 시큼한

---

character
[kǽriktər]

㉢ ① 성격, 성질 ② 특징, 개성 ③ 등장인물
characteristic ㉡ 특유의
His book has its own character. 그의 책은 그 책만의 특징이 있다.

---

coast
[koust]

㉢ 해안, 연안
My aunt lives on the coast. 이모는 해안가에 사신다.

㉤ shore 해안

---

suggest
[səɡdʒést]

㉣ 제안하다, 제의하다   suggestion ㉢ 제안, 제의
Professor Kim suggested several different options.
김 교수님은 여러 가지 방안들을 제안했다.

---

stadium
[stéidiəm]

㉢ 경기장, 스타디움
The football game will be held at the new stadium.
축구 경기는 새 경기장에서 열릴 것이다.

---

customer
[kʌ́stəmər]

㉢ 고객, 손님
Ms. Greene is one of our regular customers.
그린 씨는 우리 단골 고객 중 한 분이다.

㉤ client 고객

---

foreign
[fɔ́:rin]

㉡ 외국의, 해외의   foreigner ㉢ 외국인
Have you studied any foreign languages?
어떤 외국어도 공부해 봤습니까?

㉥ domestic
국내의

---

husband
[hʌ́zbənd]

® 남편
She is looking for a husband. 그녀는 남편감을 찾고 있다.

® wife 아내

---

natural
[nǽtʃərəl]

® ① 자연의 ② 타고난   **nature** ® 자연
The furniture is made of natural materials.
그 가구는 자연 재료로 만들었다.

---

judge
[dʒʌdʒ]

® 재판관, 판사 ® ① 판단하다 ② 판결하다
judgment ® 판단; 판결
The judge found him innocent. 판사는 그를 무죄로 인정했다.

---

lift
[lift]

® 들어 올리다, 올리다
He lifted the receiver immediately. 그는 수화기를 즉시 들어올렸다.

® elevate 올리다

---

mild
[maild]

® ① 온화한, 부드러운 ② 따뜻한, 포근한
The climate was mild. 날씨는 포근했다.

® gentle 부드러운

---

rule
[ru:l]

® 규칙 ® 통치하다, 지배하다
We knew the rules of chess. 우리는 체스의 규칙을 알았다.

® regulation 규정

---

serious
[síː(ː)əriəs]

® 심각한, 진지한   **seriously** ® 심각하게, 진지하게
I don't like serious books. 나는 심각한 책을 좋아하지 않는다.

---

double
[dʌ́bl]

® ① 두 배의 ② 이중의 ® 두 배 ® 두 배로 되다
The population doubled within 30 years.
30년 안에 인구는 2배가 되었다.

® triple 세 배의

---

treat
[triːt]

® ① 다루다, 대우하다 ② 치료하다 ® 대접, 한턱 내기
treatment ® 대우; 치료
The doctor treated my broken arm.
의사는 나의 부러진 팔을 치료했다.

---

task
[tæsk]

® 일, 과업, 과제
It was a hard task to perform. 그것은 수행하기 힘든 일이었다.

® job 일

A 주어진 단어의 뜻을 영어는 우리말로, 우리말은 영어로 쓰세요.

1 almost   _____
2 bitter   _____
3 double   _____
4 husband   _____
5 judge   _____

6 온화한, 포근한   _____
7 자연의, 타고난   _____
8 항구   _____
9 경기장   _____
10 일, 과업, 과제   _____

B 알맞은 단어를 넣어 주어진 어구를 완성하세요.

1 on the _____   해변에
2 _____ services   고객 서비스
3 a(n) _____ country 외국
4 _____ a box   박스를 들어 올리다
5 _____ the region   그 지역을 통치하다

6 a(n) _____ problem 심각한 문제
7 _____ an idea   아이디어를 제안하다
8 _____ a patient   환자를 치료하다
9 _____ items   다양한 물품들
10 a main _____   주인공

C 알맞은 단어를 골라 문장을 완성하세요.

1 The south coast has a (mild / natural) climate.   남해안은 기후가 온화하다.
2 John is Julie's (husband / judge).   존은 줄리의 남편이다.
3 The ship is in (rule / port).   배는 항구에 있다.
4 This is not an easy (customer / task).   이것은 쉬운 일이 아니다.
5 The soup tastes (bitter / foreign).   이 수프는 쓴맛이 난다.

정답 p.121 ➡

Day 15

MP3 듣기 ▶

parent [pɛ́(:)ərənt]	몡 부모 Has Peter met your parents yet? 피터가 아직 너희 부모님을 안 뵈었니?	참 grandparent 조부모
steal [sti:l]	동 훔치다, 도둑질하다 (steal - stole - stolen) His car has been stolen. 그의 차는 도난당했다.	참 thief 도둑
also [ɔ́:lsou]	뮈 또한, 역시 Ms. Jones is a singer and also an actress. 존스 씨는 가수이자 배우이다.	유 too 또한 (문미에 위치)
comb [koum]	몡 빗 동 빗다, 빗질하다 Comb your hair before going to school. 학교 가기 전에 머리 빗어라.	
improve [imprú:v]	동 개선하다, 향상시키다 **improvement** 몡 개선, 향상 Your English will improve with practice. 너의 영어 실력은 연습하면 향상될 것이다.	
midnight [mídnàit]	몡 한밤중, 자정 It was midnight when we arrived home. 우리가 집에 도착했을 때는 자정이었다.	반 noon 한낮, 정오
depart [dipá:rt]	동 떠나다, 출발하다 Our flight departs at 7:00 a.m. 우리 비행기는 오전 7시에 출발한다.	유 leave 떠나다
something [sʌ́mθiŋ]	때 어떤 것, 무엇인가 I heard something outside. 밖에서 뭔가를 들었다.	참 someone 어떤 사람
blank [blæŋk]	혱 ① 공백의 ② 텅 빈 몡 공백, 빈칸 This book has some blank pages. 이 책은 빈 페이지들이 있다.	유 empty 텅 빈
pour [pɔ:r]	동 (액체를) 따르다, 붓다 Pour the sauce over the pasta. 파스타 위에 소스를 부어라.	참 spill (액체·가루 를) 엎지르다

chart
[tʃɑːrt]

⑲ 표, 도표, 그래프
Let's see the chart on this page. 이 쪽에 있는 표를 보자.

⑲ graph
도표, 그래프

cough
[kɔ(ː)f]

⑲ 기침 ⑧ 기침하다
He was coughing all day. 그는 하루 종일 기침을 했다.

㉧ cold 감기

express
[iksprés]

⑧ 표현하다, 나타내다　　expression ⑲ 표현
I would like to express my thanks to you.
여러분에게 감사를 표현하고 싶습니다.

review
[rivjúː]

⑲ ① 검토 ② 논평 ⑧ ① 검토하다 ② 복습하다
I read the book reviews in the newspaper.
나는 신문에서 그 책의 논평들을 읽었다.

share
[ʃɛər]

⑧ ① 공유하다 ② 분배하다, 나누다
We shared the money equally. 우리는 돈을 똑같이 분배했다.

⑲ divide 나누다

upset
[ʌpsét]

⑱ 화난, 속상한 ⑧ ① ～을 뒤엎다 ② 속상하게 하다
A lot of people were upset by the decision.
많은 사람들이 그 결정으로 화가 났다.

⑲ angry 화난

tear
[tiər] [tɛər]

⑲ 눈물 ⑧ 찢다 (tear-tore-torn)
Don't tear the paper. 그 종이를 찢지 마세요.

level
[lévəl]

⑲ ① (양의) 정도 ② 수준, 단계
Unemployment is now at its lowest level.
실업률이 현재 가장 낮은 수준에 와 있다.

⑲ step 단계

humorous
[hjúːmərəs]

⑱ 재미있는, 유머러스한　　humor ⑲ 유머, 익살
The book is humorous. 그 책은 재미있다.

triangle
[tráiæŋgl]

⑲ 삼각형
My mother cut the sandwiches into triangles.
우리 엄마는 샌드위치를 삼각형으로 잘랐다.

㉧ circle 원

Exercise

A 주어진 단어의 뜻을 영어는 우리말로, 우리말은 영어로 쓰세요.

1 triangle _____
2 something _____
3 parent _____
4 humorous _____
5 cough _____

6 또한, 역시 _____
7 공백의, 텅 빈, 빈칸 _____
8 정도, 수준, 단계 _____
9 검토, 논평, 복습하다 _____
10 눈물, 찢다 _____

B 알맞은 단어를 넣어 주어진 어구를 완성하세요.

1 a pie _____ 원 도표
2 _____ one's hair 머리를 빗다
3 _____ from the station 역을 떠나다
4 _____ an idea 생각을 표현하다
5 _____ one's health 건강을 개선하다

6 _____ milk into a cup 컵에 우유를 따르다
7 _____ cookies 쿠키를 나누다
8 _____ some money 돈을 훔치다
9 feel very _____ 매우 화가 나다
10 study until _____ 자정까지 공부하다

C 알맞은 단어를 골라 문장을 완성하세요.

1 Please fill in the (blank / chart). 빈칸을 채우시오.
2 Harry is (depart / also) my friend. 해리 역시 내 친구이다.
3 She is reading a book (express / review). 그녀는 책의 서평을 읽고 있다.
4 The smoke made him (cough / tear). 연기는 그가 기침하도록 만들었다.
5 A (level / triangle) has three sides. 삼각형에는 변이 세 개가 있다.

정답 p.121 ➡

A 주어진 단어와 알맞은 뜻을 찾아 연결하세요.

1 celebrate   •   • ~을 더하여   6   hug   •   • 자연의, 타고난

2 plus   •   • 엄지손가락   7   judge   •   • 판사, 판단하다

3 seek   •   • 찾다, 추구하다   8   natural   •   • 눈물, 찢다

4 thumb   •   • 다스, 12개   9   tear   •   • 껴안다, 포옹

5 dozen   •   • 기념하다   10   comb   •   • 빗, 빗다

B 단어의 관계에 맞게 빈칸을 채우세요.

1 liberty : _____ = universe : space   6 useful : useless = polite : _____

2 suggest : suggestion = treat : _____   7 almost : nearly = upset : _____

3 blank : _____
   = international : global   8 express : expression
   = improve : _____

4 aid : help = pole : _____   9 agree : disagree = birth : _____

5 subject : _____ = tip : end   10 environment : environmental
   = variety : _____

C 알맞은 단어를 넣어 문장을 완성하세요.

1 We had a(n) _____ game together.   우리는 함께 재미있는 게임을 했다.

2 I put my _____ in the basement.   나는 내 물건을 지하실에 두었다.

3 He played an important _____.   그는 중요한 역할을 했다.

4 The sentence has a(n) _____ meaning.   그 문장은 두 가지 의미가 있다.

5 The clock struck _____.   시계가 자정을 알리는 종을 쳤다.

정답 p.121➡

Vocabulary Plus

☐ **put on** 입다, 걸치다	He is **putting on** a coat. 그는 코트를 입는 중이다.	
☐ **try on** 입어 보다	I want to **try on** this black shirt. 나는 이 검은색 셔츠를 입어 보고 싶다.	
☐ **turn/switch on** (라디오 · 가스 · 전기 등을) 켜다	Owen **turned on** the radio to listen to music. 오웬은 음악을 듣기 위해 라디오를 켰다.	
☐ **plug in** 플러그를 꽂다	She **plugged in** the microwave. 그녀는 전자레인지의 플러그를 꽂았다.	
☐ **turn/switch off** (라디오 · 가스 · 전기 등을) 끄다	**Switch off** the TV now. 지금 TV를 꺼라.	
☐ **see off** ~를 전송하다, 배웅하다	I will **see off** my grandmother at the airport. 나는 공항에서 나의 할머니를 배웅할 것이다.	
☐ **look around** 둘러보다	We **looked around** the shops. 우리는 가게를 둘러보았다.	
☐ **look after** ~를 돌보다	Nora needs a person to **look after** her daughter. 노라는 자신의 딸을 돌봐 줄 사람이 필요하다.	
☐ **look at** ~을 보다, 살피다	Bella is **looking at** the picture. 벨라는 그림을 바라보고 있다.	
☐ **laugh at** ~을 비웃다, ~을 듣고 웃다	Don't **laugh at** me. 나를 비웃지마.	

✎ Check-up Test

1 _____ _____ your jacket. It's cold outside.
재킷을 입어라. 밖은 춥다.

2 Everybody _____ _____ his jokes.
모두 그의 농담을 듣고 웃었다.

3 She will _____ _____ her little sister tomorrow.
그녀는 내일 그녀의 여동생을 돌볼 것이다.

4 Ethan is _____ _____ the sculpture.
에단은 조각품을 바라보고 있다.

5 Samuel _____ _____ the computer to check his e-mail.
사무엘은 이메일을 확인하기 위해 컴퓨터를 켰다.

정답 p.122 ➡

Chapter 04

Day 16
~
Day 20

MP3 듣기 ▶

along
[əlɔ́(ː)ŋ]

㉑ ~을 따라서
They are sailing along the coast.
그들은 해안을 따라서 항해를 하고 있다.

---

type
[taip]

⑲ 유형, 종류
One of my friends likes all types of music.
내 친구 중 한 명은 모든 종류의 음악을 좋아한다.

㈜ kind 종류

---

prepare
[pripέər]

⑧ 준비하다, 대비하다　preparation ⑲ 준비, 대비
Jessie helped me prepare the room for the guests.
제시는 내가 손님 방 준비하는 것을 도왔다.

---

absent
[ǽbsənt]

⑱ ① 결석한 ② 없는
She has been absent from school for four days.
그녀는 4일 동안 학교에 결석했다.

㉃ present 참석한

---

stick
[stik]

⑲ 막대기 ⑧ 붙이다 (stick - stuck - stuck)
The stick is made of a broken branch.
그 막대기는 부러진 가지로 만들었다.

㈜ pole 막대기

---

complete
[kəmplíːt]

⑧ 끝내다, 완료하다 ⑱ 완성된, 완전한　completely ⑭ 완전히
He completed his PhD in 2016.
그는 박사 학위를 2016년에 끝냈다.

---

crown
[kraun]

⑲ 왕관
When the king dies, the crown will pass to his son.
왕이 죽으면 왕관은 아들에게 계승된다.

---

cause
[kɔːz]

⑲ 원인, 이유 ⑧ ~의 원인이 되다
They didn't know the major cause of the accident.
그들은 사고의 주된 이유를 몰랐다.

㈜ reason 이유

---

rent
[rent]

⑧ 빌리다 ⑲ 집세
She had paid her rent on this house.
그녀는 이 집의 집세를 지불했다.

㉃ lend 빌려주다

---

guest
[gest]

⑲ 손님
The man was a guest at our wedding.
그 남자는 우리 결혼식의 손님이었다.

㉃ host 주인

into
[íntə]

전 ~의 안에, 안으로
The kids jumped into the pool. 아이들은 수영장으로 뛰어들었다.

mind
[maind]

명 마음, 정신 동 꺼리다, 싫어하다
I need to clear my mind. 나는 내 마음을 비워야 한다.

유 heart 마음

quarter
[kwɔ́:rtər]

명 ① 4분의 1 ② 분기
He waited a quarter of an hour. 그는 15분 기다렸다.

참 half 2분의 1, 반

shine
[ʃain]

동 빛나다, 반짝이다　　shiny 형 빛나는
The sun shined all afternoon. 태양은 오후 내내 빛났다.

sure
[ʃuər]

형 ① 확신하는 ② 확실한　　surely 부 확실히
I'm sure that I left my keys on the table.
테이블 위에 열쇠를 두고 온 게 확실하다.

chat
[tʃæt]

동 잡담하다 명 잡담
They were just walking and chatting.
그들은 그냥 걷고 수다를 떨었다.

참 talk 이야기하다

lawn
[lɔːn]

명 잔디, 잔디밭
Let's have lunch on the lawn. 잔디밭에서 점심 먹자.

유 grass 풀, 잔디

title
[táitl]

명 ① 제목, 표제 ② 칭호, 직함
What was the title of the first chapter? 1장의 제목이 뭐였죠?

order
[ɔ́:rdər]

동 ① 명령하다 ② 주문하다 명 ① 명령 ② 주문 ③ 순서
We ordered the books from the Web site.
우리는 웹 사이트에서 책을 주문했다.

유 command
명령하다

forget
[fərgét]

동 잊다 (forget - forgot - forgotten)
I forgot to pay the bill. 청구서 지불하는 것을 잊었다.

반 remember
기억하다

Exercise

A 주어진 단어의 뜻을 영어는 우리말로, 우리말은 영어로 쓰세요.

1 type   _____

2 shine   _____

3 lawn   _____

4 into   _____

5 forget   _____

6 원인, ～의 원인이 되다   _____

7 왕관   _____

8 끝내다, 완성된   _____

9 잡담하다, 잡담   _____

10 확신하는, 확실한   _____

B 알맞은 단어를 넣어 주어진 어구를 완성하세요.

1 _____ from school   학교에 결석한

2 a party _____   파티 손님

3 _____ meals   식사를 준비하다

4 _____ a DVD   DVD를 대여하다

5 a hockey _____   하키 스틱

6 a book _____   책 제목

7 _____ a pizza   피자를 주문하다

8 peace of _____   마음의 평화

9 a meter and a(n) _____   1.25미터

10 _____ the street   길을 따라서

C 알맞은 단어를 골라 문장을 완성하세요.

1 Some students are (chatting / ordering) in the classroom.   몇몇 학생들이 교실에서 수다를 떨고 있다.

2 This substance is (renting / causing) global warming.   이 물질이 지구 온난화를 야기하고 있다.

3 The stars (shined / prepared) brightly.   별들이 밝게 빛났다.

4 Are you (complete / sure) about that?   그게 확실하니?

5 I (forget / lawn) names easily.   나는 이름을 잘 잊어버린다.

정답 p.122 ➡

Day 17

MP3 듣기 ▶

cheek
[tʃiːk]

ⓐ 뺨, 볼
The tears ran down her **cheeks**. 눈물이 그녀의 뺨을 타고 흘렀다.

ⓐ chin 턱

---

among
[əmʌ́ŋ]

ⓟ ~의 사이에
The ball was hidden **among** the leaves.
공은 나뭇잎들 사이에 숨겨져 있었다.

ⓤ between
~의 사이에

---

block
[blɑk]

ⓐ ① 한 구획, 구역 ② 블록, 덩어리 ⓥ 막다, 방해하다
She lived on our **block**. 그녀는 우리 구역에 살았다.

---

surprising
[sərpráiziŋ]

ⓗ 놀라운, 놀랄 만한   **surprisingly** ⓟ 놀랄 만큼
It is not **surprising** that she doesn't like me.
그녀가 나를 좋아하지 않는다는 건 놀랍지 않다.

---

cure
[kjuər]

ⓥ (병·상처를) 치료하다, 고치다 ⓐ 치료
The medicine won't **cure** her. 그 약은 그녀를 치료할 수 없을 것이다.

ⓤ heal (병을)고치다

---

billion
[bíljən]

ⓐ 10억
The population of China is over one **billion**.
중국의 인구는 10억이 넘는다.

ⓐ million 100만

---

football
[fútbɔ̀ːl]

ⓐ ① 축구 ② 미식축구
I'm not a big **football** fan. 나는 열성적인 축구 팬은 아니다.

ⓤ soccer 축구

---

grand
[grænd]

ⓗ ① 웅장한, 인상적인 ② 굉장한
The shop is having a **grand** opening sale.
그 매장은 엄청난 오픈 세일을 할 것이다.

---

son
[sʌn]

ⓐ 아들
One of his **sons** is a firefighter. 그의 아들 하나가 소방관이다.

ⓑ daughter 딸

---

if
[if]

ⓒ 만약 ~이면
If I miss the bus, I'll have to walk home.
버스를 놓치면 나는 집에 걸어가야 한다.

luxury
[lʌ́kʃəri]

뗑 ① 사치, 호화 ② 사치품　　luxurious 혱 호화로운
Karen likes to have a few luxuries.
카렌은 사치스러운 것을 갖고 싶어 한다.

---

repeat
[ripíːt]

똥 반복하다, 되풀이하다　　repetition 뗑 반복
They don't want to repeat the song.
그들은 그 노래를 반복하기를 원하지 않는다.

---

drama
[drɑ́ːmə]

뗑 ① 드라마, 극 ② 희곡

It is a television drama about lawyers.
그것은 변호사에 관한 텔레비전 드라마이다.

윾 play 극, 연극

---

sharp
[ʃɑːrp]

혱 ① 날카로운, 예리한 ② 총명한　　sharply 툰 날카롭게
These scissors aren't very sharp.
이 가위는 아주 날카롭진 않다.

---

brand
[brænd]

뗑 ① 상표, 브랜드 ② 종류, 유형
I tried using a new brand of pen.
나는 새로운 상표의 펜을 쓰려고 했다.

---

than
[ðən]

쩝 ~보다, ~에 비하여
We shouldn't spend more than we earn.
우리가 버는 것보다 더 많이 쓰면 안 된다.

---

neat
[niːt]

혱 정돈된, 단정한, 깔끔한　　neatly 툰 깔끔하게
His school uniform was always neat.
그의 교복은 항상 단정했다.

---

typhoon
[taifúːn]

뗑 태풍
A typhoon is a very violent tropical storm.
태풍은 아주 거센 열대 폭풍이다.

윾 hurricane
　　허리케인, 폭풍

---

usual
[júːʒuəl]

혱 보통의, 평상시의　　usually 툰 보통, 대개
Mr. Brown was wearing his usual T-shirt.
브라운 씨는 평소에 입는 티셔츠를 입고 있었다.

---

produce
[prədjúːs]

똥 생산하다, 만들다　　production 뗑 생산
The town produces the best wine in the country.
그 마을은 그 국가에서 최고 와인을 생산한다.

A 주어진 단어의 뜻을 영어는 우리말로, 우리말은 영어로 쓰세요.

1 if _____

2 grand _____

3 drama _____

4 cheek _____

5 among _____

6 10억 _____

7 반복하다, 되풀이하다 _____

8 ~보다, ~에 비하여 _____

9 태풍 _____

10 보통의, 평상시의 _____

B 알맞은 단어를 넣어 주어진 어구를 완성하세요.

1 a(n) _____ name 상표 명

2 a(n) _____ game 축구 경기

3 a life of _____ 사치스러운 생활

4 _____ handwriting 깔끔한 손글씨

5 _____ steel 철을 생산하다

6 a(n) _____ pencil 뾰족한 연필

7 the youngest _____ 막내아들

8 a(n) _____ story 놀라운 이야기

9 _____ illness 병을 치료하다

10 _____ the road 길을 막다

C 알맞은 단어를 골라 문장을 완성하세요.

1 He has a (neat / grand) house. 그는 큰 집이 있다.

2 Could you (repeat / produce) the question? 질문 좀 다시 해 주시겠어요?

3 The boy has chubby (cheeks / sharp). 그 소년은 볼이 통통하다.

4 He read a book as (than / usual). 그는 평상시와 같이 책을 읽었다.

5 The grasshopper is hiding (if / among) the grass. 메뚜기가 풀밭에 숨어 있다.

정답 p.122 ⇒

69

Day 18

twice
[twais]

(부) ① 두 번 ② 두 배로
We visited them twice a year. 우리는 1년에 두 번 그들을 방문했다.

(참) once 한번

---

sour
[sauər]

(형) (맛이) 신, 시큼한
This orange tastes sour. 이 오렌지는 신맛이 난다.

(참) sweet 달콤한

---

by
[bai]

(전) ① (장소·위치) ~의 옆에 ② (준거) ~에 의하여 ③ (수단) ~으로
The building was destroyed by fire.
그 건물은 화재로 인해 파괴되었다.

---

trade
[treid]

(명) 무역, 거래 (동) 거래하다
They signed the trade agreement.
그들은 무역 협정에 서명했다.

---

both
[bouθ]

(형) 양쪽의, 둘 다 (대) 양쪽, 둘 다
Both children are girls. 아이 둘 다 여자아이이다.

---

challenge
[tʃǽlindʒ]

(명) 도전 (동) 도전하다
He felt he needed a new challenge.
그는 새로운 도전이 필요하다고 느꼈다.

(참) try 시도, 노력

---

either
[íːðər]

(대) (형) (둘 중) 어느 한 쪽(의) (부) (둘 중) ~이든 ~이든
We can either go by train or by bus.
우리는 기차나 버스로 갈 수 있다.

---

found
[faund]

(동) 설립하다 (found - founded - founded)
foundation (명) 기초, 토대; 설립
The organization was founded in 1935.
그 기관은 1935년에 설립되었다.

---

harvest
[háːrvist]

(명) 수확, 추수 (동) 수확하다
It is harvest time. 추수할 시기이다.

(참) crop 농작물

---

thirsty
[θə́ːrsti]

(형) 목이 마른 **thirst** (명) 갈증
Drink water when you feel thirsty. 목마를 때 물을 마셔라.

---

lot
[lɑt]

명 ① 많음, 다수 ② 추첨 ③ 운명
There is a lot to eat in the kitchen. 부엌에는 먹을 게 많이 있다.

prison
[prízən]

명 교도소, 감옥
He can go to prison for that. 그는 그것 때문에 감옥에 갈 수도 있다.

유 jail 교도소, 감옥

already
[ɔːlrédi]

부 이미, 벌써
My boss has already left the office. 상사는 벌써 사무실을 떠났다.

유 yet 이미, 벌써
(의문문)

minus
[máinəs]

전 ~을 뺀
Sixty minus eight equals fifty-two. 60에서 8을 빼면 52이다.

반 plus ~을 더하여

several
[sévərəl]

형 ① 몇몇의 ② 각자의
Mr. Allen wrote several books, including *Our Justice*.
알렌 씨는 〈우리들의 정의〉를 포함한 몇 권의 책을 썼다.

유 some 약간의

curtain
[kɔ́ːrtən]

명 ① 커튼 ② (무대의) 막
The audience cheered as the curtain rose.
막이 올라가자 관객들은 환호했다.

regular
[régjələr]

형 규칙적인, 정기적인   regularly 부 규칙적으로, 정기적으로
Exercise has become a regular part of my life.
운동은 내 인생에서 규칙적인 부분이 되었다.

cheer
[tʃiər]

명 환호, 응원 동 환호하다, 응원하다
The star was greeted with cheers. 그 스타는 환호로 환영받았다.

참 Cheer up. 힘내.

state
[steit]

명 ① 상태 ② 국가, 나라
Your room is in a terrible state. 네 방은 끔찍한 상태이다.

유 condition 상태

through
[θruː]

전 ① (관통) ~을 통과하여 ② (장소) ~을 두루 ③ (시간) ~동안 내내
We drove through the tunnel. 우리는 운전해서 터널을 통과했다.

Exercise

A 주어진 단어의 뜻을 영어는 우리말로, 우리말은 영어로 쓰세요.

1 minus _____
2 prison _____
3 several _____
4 sour _____
5 thirsty _____

6 (둘 중) 어느 한 쪽의 _____
7 도전, 도전하다 _____
8 응원, 응원하다 _____
9 양쪽의, 둘 다 _____
10 벌써, 이미 _____

B 알맞은 단어를 넣어 주어진 어구를 완성하세요.

1 a(n) _____ of people 많은 사람들
2 _____ a company 회사를 설립하다
3 _____ crops 곡물을 수확하다
4 international _____ 국제 무역
5 an Asian _____ 아시아 국가

6 _____ the crowd 군중을 헤치고
7 a shower _____ 샤워 커튼
8 _____ bus 버스를 타고
9 _____ a week 일주일에 두 번
10 _____ meetings 정기 회의

C 알맞은 단어를 골라 문장을 완성하세요.

1 Four (twice / minus) one is three. 4 빼기 1은 3이다.
2 He is in (prison / state). 그는 감옥에 있다.
3 This apple tastes (thirsty / sour). 이 사과는 신맛이 난다.
4 (Either / Both) is fine. 둘 중 아무거나 괜찮다.
5 She has (already / regular) done her homework. 그녀는 이미 숙제를 끝냈다.

정답 p.122 ➡

Day 19

MP3 듣기 ▶

up
[ʌp]

㉿ 위로, 위쪽으로 ㉿ ~위로
They climbed up the trees. 그들은 나무 위로 올라갔다.

㉿ down 아래로

---

swing
[swiŋ]

㉿ ① 흔들다 ② 휘두르다 (swing - swung - swung) ㉿ 그네
Swing your arms slowly. 팔을 천천히 흔들어 보세요.

---

amazing
[əméiziŋ]

㉿ 놀랄 만한, 놀라운　amazingly ㉿ 놀랄 만큼, 놀랍게도
Her story was quite amazing. 그녀의 얘기는 아주 놀라웠다.

---

drum
[drʌm]

㉿ 북, 드럼
People danced to the beat of the drums.
사람들은 드럼의 박자에 맞춰 춤을 추었다.

---

lovely
[lʌ́vli]

㉿ 사랑스러운, 아름다운
We had a lovely Christmas. 우리는 아름다운 크리스마스를 보냈다.

㉿ beautiful
아름다운

---

puppy
[pʌ́pi]

㉿ 강아지
The dog has had three puppies. 그 개는 3마리의 강아지를 낳았다.

㉿ kitten
새끼 고양이

---

board
[bɔ:rd]

㉿ ① 판자, 보드 ② 위원회
You can use recycled paper and board.
재활용 종이와 판자를 쓰면 된다.

㉿ blackboard
칠판

---

temperature
[témpərətʃər]

㉿ ① 온도, 기온 ② 체온
The temperature dropped below zero last night.
어젯밤에 온도가 영하로 떨어졌다.

---

chemical
[kémikəl]

㉿ 화학의, 화학적인 ㉿ 화학물질　chemistry ㉿ 화학
I didn't understand the chemical structure.
나는 화학적 구조를 이해하지 못했다.

---

course
[kɔ:rs]

㉿ ① 진로, 방향 ② 강좌, 강의
Our school runs Chinese courses for beginners.
우리 학교는 초급자를 위한 중국어 강좌를 운영한다.

㉿ class 수업

---

garage
[ɡəráːʤ]

명 ① 차고, 주차장 ② 차량 정비소
I brought my car to the garage. 내 차를 차량 정비소로 가져갔다.

유 parking lot
주차장

more
[mɔːr]

형 더 많은, 더 큰 부 더 많이
I bought more vegetables. 나는 채소를 좀 더 샀다.

참 most 가장 많은

envelope
[énvəlòup]

명 봉투, 봉지
She put the letter in an envelope. 그녀는 봉투에 편지를 넣었다.

host
[houst]

명 (손님을 접대하는) 주인 동 주최하다
We thanked the hosts for an enjoyable evening.
우리는 즐거운 저녁을 보낸 것에 대해 주인들에게 고마움을 표했다.

반 hostess 여주인

section
[sékʃən]

명 ① 부분 ② 구역 ③ (신문의) 난
My dad always reads the sports section of the newspaper.
우리 아빠는 항상 신문의 스포츠난을 읽으신다.

유 part 부분

survive
[sərváiv]

동 살아남다, 생존하다　survival 명 생존
It's a miracle that he survived. 그가 살아남은 것은 기적이다.

twin
[twin]

명 쌍둥이 (중의 한 명) 형 쌍둥이의
Gary and his brother are twins. 개리와 그의 남동생은 쌍둥이이다.

repair
[ripɛ́ər]

동 수리하다, 고치다 명 수리
They have to repair the road.
그들은 도로를 고쳐야 한다.

유 fix 수리하다

opinion
[əpínjən]

명 의견, 생각
What is your opinion about her novel?
그녀의 소설에 대해 어떤 의견을 갖고 계세요?

유 view 의견, 견해

speech
[spiːtʃ]

명 연설, 강연
The president made a wonderful speech.
대통령은 멋진 연설을 했다.

유 talk 연설, 강연

A 주어진 단어의 뜻을 영어는 우리말로, 우리말은 영어로 쓰세요.

1	amazing	_____	6	더 많은, 더 큰	_____
2	chemical	_____	7	강아지	_____
3	drum	_____	8	연설, 강연	_____
4	envelope	_____	9	살아남다, 생존하다	_____
5	host	_____	10	위로, 위쪽으로	_____

B 알맞은 단어를 넣어 주어진 어구를 완성하세요.

1	a bulletin _____	게시판	6	a(n) _____ change	기온 변화
2	a marathon _____	마라톤 코스	7	a(n) _____ brother	쌍둥이 형제
3	a parking _____	주차용 차고	8	the dairy _____	유제품 코너
4	_____ in the wind	바람에 흔들리다	9	a private _____	개인적인 의견
5	_____ a radio	라디오를 수리하다	10	a(n) _____ girl	사랑스러운 소녀

C 알맞은 단어를 골라 문장을 완성하세요.

1 He is playing the (drums / swings).　　　　　그는 드럼을 치고 있다.

2 The (twin / host) greeted us at the front door.　　집 주인이 현관문에서 인사했다.

3 Mr. Peterson made a (course / speech).　　　피터슨 씨는 연설을 했다.

4 We cannot (repair / survive) without water.　　우리는 물 없이 살아남을 수 없다.

5 Pull your socks (board / up).　　　　　　　양말을 위로 치켜 올려라.

정답 p.122 ➡

Day 20

MP3 듣기 ▶

chest
[tʃest]

ⓜ 가슴, 흉부
Have you had any chest pains? 가슴에 통증을 느낀 적이 있나요?

ⓤ breast 가슴

press
[pres]

ⓥ ① 누르다 ② 압박하다 ⓜ 신문, 언론
He pressed the button on the camera.
그는 카메라의 버튼을 눌렀다.

anyway
[éniwèi]

ⓑ 어쨌든, 여하튼
Anyway I'm not really interested. 어쨌든 나는 정말 관심 없다.

background
[bǽkgràund]

ⓜ ① (사건·사진 등의) 배경 ② 경력
They are the students from different backgrounds.
그들은 다양한 배경을 가진 학생들이다.

spoil
[spɔil]

ⓥ ① 망치다, 버려 놓다 ② (음식이) 상하다
Rain will spoil everything. 비가 모든 것을 망쳐 놓을 것이다.

ⓤ ruin 망치다

ceremony
[sérəmòuni]

ⓜ 의식, 식
The actress attended an award ceremony.
그 여배우는 한 시상식에 참석했다.

ⓤ ritual 의식

receive
[risíːv]

ⓥ ① 받다 ② 얻다
Joe received a camera as a birthday gift.
조는 생일 선물로 카메라를 받았다.

ⓤ get 얻다

crosswalk
[krɔ́(ː)swɔ̀ːk]

ⓜ 횡단보도
The car has stopped in the middle of the crosswalk.
차가 횡단보도 한가운데에 멈췄다.

ⓒ a traffic light
교통 신호등

during
[djú(ː)əriŋ]

ⓟ (기간) ~동안
During the summer, all the schools are closed.
여름 동안 모든 학교들이 문을 닫는다.

ⓤ for (시간) ~동안

extend
[iksténd]

ⓥ ① 확장하다 ② 뻗다   extension ⓜ 확장, 확대; 뻗음
We are going to extend the second floor.
우리는 2층을 확장하려고 한다.

form
[fɔːrm]

ⓜ 모양, 형태 ⓓ 형성하다
Coal is a form of carbon. 석탄은 탄소의 형태이다.

ⓨ type 형태

---

bother
[báðər]

ⓓ 괴롭히다, 귀찮게 하다
Nothing seems to bother me.
어느 것도 나를 괴롭히는 것 같지 않다.

---

grammar
[grǽmər]

ⓜ 문법
Compare English and Korean grammars.
영어 문법과 한국어 문법을 비교해 봐.

---

turn
[təːrn]

ⓓ ① 돌다, 돌리다 ② 바꾸다 ⓜ ① 회전 ② 차례
She turned the key and opened the door.
그녀는 열쇠를 돌려서 문을 열었다.

---

sentence
[séntəns]

ⓜ ① 문장 ② 판결, 선고
Your sentences are too long and difficult to understand.
당신의 문장은 이해하기에 너무 길고 어려워요.

---

journey
[dʒə́ːrni]

ⓜ 여행, 여정
It's a four-hour journey to Busan from here.
여기에서 부산까지는 4시간 여정이다.

ⓨ trip 여행

---

luck
[lʌk]

ⓜ ① 행운 ② 운, 운수   **lucky** ⓗ 운이 좋은
We'd like to wish you luck. 너에게 행운을 빈다.

---

near
[niər]

ⓟ 가까이에 ⓗ 가까운 ⓑ 가까이
They lived near the post office. 그들은 우체국 근처에 살았다.

ⓨ close 가까운

---

throat
[θrout]

ⓜ 목구멍, 목
My throat was dry so I drank some water.
목구멍이 건조해서 물을 좀 마셨다.

---

scream
[skriːm]

ⓓ 소리 지르다, 비명을 지르다 ⓜ 비명
A police officer screamed at him to stop.
경찰이 그에게 멈추라고 소리 질렀다.

ⓨ yell 소리치다

A 주어진 단어의 뜻을 영어는 우리말로, 우리말은 영어로 쓰세요.

1 near _____

2 scream _____

3 spoil _____

4 throat _____

5 crosswalk _____

6 괴롭히다, 귀찮게 하다 _____

7 어쨌든, 여하튼 _____

8 확장하다, 뻗다 _____

9 문법 _____

10 행운, 운수 _____

B 알맞은 단어를 넣어 주어진 어구를 완성하세요.

1 a(n) opening _____ 개막식

2 _____ clouds 구름을 형성하다

3 _____ a button 버튼을 누르다

4 _____ a letter 편지를 받다

5 write a(n) _____ 문장을 쓰다

6 a(n) _____ color 바탕색

7 _____ right 우회전하다

8 go on a(n) _____ 여행하다

9 _____ the spring 봄 동안에

10 over one's _____ 가슴 위로

C 알맞은 단어를 골라 문장을 완성하세요.

1 The students are learning English (sentence / grammar).   그 학생들은 영어 문법을 배우고 있다.

2 I wish you good (scream / luck).   행운을 빌어.

3 The milk is beginning to (spoil / form).   우유가 상하기 시작한다.

4 He has a sore (chest / throat).   그는 목이 아프다.

5 Don't (extend / bother) yourself with those problems.   그 문제들을 가지고 골머리 앓지 마라.

정답 p.123 ➡

Review test

A 주어진 단어와 알맞은 뜻을 찾아 연결하세요.

1	complete	·	· 정돈된	6	found	·	· 의식, 식
2	cause	·	· 원인	7	swing	·	· 의견, 생각
3	neat	·	· 상표	8	opinion	·	· 설립하다
4	sharp	·	· 끝내다	9	ceremony	·	· 수확, 추수
5	brand	·	· 날카로운	10	harvest	·	· 흔들다

B 단어의 관계에 맞게 빈칸을 채우세요.

1 absent : _____ = up : down

2 journey : trip = garage : _____

3 state : condition = _____ : jail

4 surprising : _____ = sure : surely

5 _____ : found
= production : produce

6 prepare : preparation
= repeat : _____

7 _____ : plus = guest : host

8 _____ : pole = type : kind

9 usual : usually = regular : _____

10 chemical : chemistry
= thirsty : _____

C 알맞은 단어를 넣어 문장을 완성하세요.

1 Do you _____ opening the door?　　　문 좀 열어주겠니?

2 A strong _____ hit Hong Kong overnight.　　　강한 태풍이 밤새 홍콩을 강타했다.

3 _____ Susie and Mark are my friends.　　　수지와 마크는 둘 다 내 친구이다.

4 I'm going to take a writing _____.　　　나는 글쓰기 강좌를 수강할 예정이다.

5 _____ your arms in front of you.　　　팔을 네 앞으로 뻗어라.

정답 p.123➡

Vocabulary Plus

☐ **watch/look out** 조심하다	You'd better **watch out**. The floor is slippery. 조심하는 게 좋을 거야. 바닥이 미끄러워.
☐ **hang out** (어슬렁거리며) 시간을 보내다	Terry is **hanging out** with his friends in the park. 테리는 공원에서 친구들과 시간을 보내고 있다.
☐ **listen to** ~을 듣다, ~의 말을 듣다	They are **listening to** music. 그들은 음악을 듣고 있다.
☐ **talk about** ~에 대해 이야기하다	He likes to **talk about** baseball. 그는 야구에 대해 이야기하는 것을 좋아한다.
☐ **talk to/with** ~에게/와 이야기하다	I need to **talk to** Sam. 나는 샘과 이야기를 해야겠어.
☐ **tell sb about** ~에게 ~에 대해 말하다	Please **tell** me **about** your trip. 나에게 여행 갔던 이야기 좀 해 줘.
☐ **check in** (호텔에서) 체크인하다	We **checked in** at the hotel at 6. 우리는 6시에 호텔 체크인을 했다.
☐ **check out** (호텔에서) 체크아웃하다	We packed our bags and **checked out**. 우리는 가방을 싸고 체크아웃을 했다.
☐ **stand for** ~을 상징하다, 나타내다	DIY **stands for** "Do-It-Yourself." DIY는 '직접 해 보세요.'를 의미한다.
☐ **work for** ~에서 근무하다	My father **works for** a bank. 우리 아버지는 은행에서 근무하신다.

✏️ Check-up Test

1 I _____ my mom _____ my new English teacher.
나는 엄마에게 새 영어선생님에 대해 이야기했다.

2 The color green often _____ _____ 'envy.'
초록색은 종종 '부러움'을 의미하는 경우가 있다.

3 My friends and I often _____ _____ at the mall.
친구들과 나는 종종 쇼핑몰에서 시간을 때운다.

4 My uncle is _____ _____ a company.
우리 삼촌은 회사에서 근무하신다.

5 You'd better _____ _____ your mother.
너의 어머니 말을 듣는 것이 좋을 것이다.

정답 p.123 ➡

Chapter 05

Day 21
~
Day 25

Day 21

MP3 듣기 ▶

vet
[vet]

몡 수의사(= veterinarian)
I have to take my dog to the vet.
우리 개를 수의사에게 데리고 가야 한다.

another
[ənʌ́ðər]

혱 ① 또 하나의 ② 다른 떼 또 하나의 것[사람]
Should we open another bottle of juice?
주스 한 병 더 따야 할까요?

less
[les]

혱 보다 적은, 더 작은 뷔 더 적게
He needs to talk less and work more.
그는 더 적게 말하고 더 많이 일해야 한다.

빤 more 더 많은

chin
[tʃin]

몡 턱
Your chin is a part of your face. 턱은 얼굴의 일부이다.

윾 jaw 턱

so
[sou]

젭 그래서 뷔 ① 매우 ② 그렇게
Why were you so angry this morning?
오늘 아침에 왜 그렇게 화가 났어?

will
[wil]

됭 ~일[할] 것이다 몡 의지
Do you think it will rain? 비가 올 것이라고 생각하니?

choose
[tʃuːz]

됭 고르다, 선택하다 (choose - chose - chosen)
choice 몡 선택
He can choose when and where he will work.
그는 언제 어디서 일을 할지 고르면 된다.

윾 pick 고르다

fantastic
[fæntǽstik]

혱 환상적인, 멋진
The movie star looked absolutely fantastic.
그 영화 스타는 아주 멋져 보였다.

윾 wonderful
훌륭한, 멋진

boil
[bɔil]

됭 끓다, 끓이다
I'll boil some water to drink tea.
물을 끓여서 차를 마실 것이다.

when
[wen]

뷔 언제 젭 ~할 때
Do you know when the war began?
그 전쟁이 언제 시작했는지 아니?

참 where 어디에

general
[dʒénərəl]

⑱ 일반적인, 전반적인 ⑲ 장군, 대장   **generally** ⑲ 일반적으로
Our concerns are all general.
우리들의 걱정은 일반적인 것이다.

---

mark
[mɑːrk]

⑧ 표시하다 ⑲ ① 자국, 얼룩 ② 표시
Some people marked an "X" on each box.
몇 명의 사람들이 박스마다 X표시를 했다.

---

puzzle
[pʌ́zl]

⑲ 퍼즐, 수수께끼 ⑧ 당황케 하다
The students are trying to solve the puzzle.
학생들은 그 수수께끼를 해결하려고 시도한다.

⑪ riddle 수수께끼

---

relationship
[riléiʃənʃip]

⑲ 관계, 관련
The relationship between them has improved.
그들 사이의 관계는 향상되었다.

⑪ relation
관계, 관련

---

case
[keis]

⑲ ① 경우, 상황 ② 사건
Bring a map in case you get lost.
길을 잃어버릴 경우를 대비해서 지도를 가져 와.

⑪ situation 상황

---

spell
[spel]

⑧ (단어의) 철자를 말하다   **spelling** ⑲ (단어의) 철자
Can you spell the word 'evaporation'?
'증발'이란 단어의 철자를 말해 줄 수 있나요?

---

too
[tuː]

⑲ ① 또한, 역시 ② 너무, 지나치게
I was too excited to sleep. 너무 흥분해서 잠을 잘 수 없었다.

---

note
[nout]

⑲ 메모, 기록 ⑧ ① ～을 적다 ② ～에 주목하다
I left them a note saying dinner was great.
나는 그들에게 저녁 식사가 좋았다고 메모를 남겼다.

---

silly
[síli]

⑱ 어리석은, 바보 같은
It sounds a bit silly to me. 그것은 좀 어리석은 것 같은데요.

⑪ stupid 어리석은

---

disease
[dizíːz]

⑲ 병, 질병
Smoking can cause fatal diseases.
흡연은 치명적인 질병들을 유발할 수 있다.

⑪ illness 병, 질병

Exercise

A 주어진 단어의 뜻을 영어는 우리말로, 우리말은 영어로 쓰세요.

1 will   _____
2 when   _____
3 silly   _____
4 less   _____
5 fantastic   _____

6 수의사   _____
7 또한, 지나치게   _____
8 그래서, 매우   _____
9 턱   _____
10 또 하나의, 다른   _____

B 알맞은 단어를 넣어 주어진 어구를 완성하세요.

1 _____ eggs   달걀을 삶다
2 in _____ of rain   비가 올 경우
3 _____ an "O" on it   그것에 O표시를 하다
4 solve a(n) _____   퍼즐을 풀다
5 _____ one's name   이름의 철자를 쓰다

6 _____ a leader   지도자를 뽑다
7 a(n) _____ hospital   종합병원
8 a close _____   가까운(친한) 관계
9 _____ one's words   말을 주목하다
10 heart _____   심장 질환

C 알맞은 단어를 골라 문장을 완성하세요.

1 The movie was (general / fantastic).   그 영화는 환상적이었다.
2 Don't be (silly / puzzle).   바보처럼 굴지 마라.
3 (When / So) I woke up, it was 7.   내가 일어났을 때는 7시였다.
4 I took my cat to the (vet / disease).   나는 우리 고양이를 수의사에게 데려갔다.
5 Keep your (chin / case) up.   (낙담하지 말고) 기운 내라.

정답 p.123 →

Day 22

MP3 듣기 ▶

lamp
[læmp]

Ⓜ 등, 램프
You can use the desk lamp when you study.
공부할 때 책상 램프를 쓰시면 돼요.

---

wrap
[ræp]

Ⓥ 싸다, 포장하다 Ⓜ 포장지, 덮개
They were busy wrapping presents on Christmas Eve.
그들은 크리스마스이브에 선물을 포장하느라 바빴다.

---

report
[ripɔ́:rt]

Ⓥ ① 보고하다, 알리다 ② 보도하다 Ⓜ 보고서
reporter Ⓜ 기자, 리포터
We wrote a report of the meeting. 우리는 회의 보고서를 썼다.

---

bone
[boun]

Ⓜ ① 뼈 ② 골격
The boy broke a bone in his arm. 소년은 팔의 뼈가 부러졌다.

참 flesh
(사람·동물의) 살

---

clever
[klévər]

Ⓗ 영리한, 똑똑한
What a clever student you are! 정말 똑똑한 학생이구나!

유 smart 영리한

---

which
[witʃ]

ⓓ 어느 쪽, 어느 것 Ⓗ 어느 쪽의
Which color do you like best? 어느 색상을 가장 좋아하세요?

---

tough
[tʌf]

Ⓗ ① 힘든, 어려운 ② 거친
It was a tough decision to leave here.
여기를 떠나기로 한 것은 힘든 결정이었다.

유 difficult 어려운

---

clap
[klæp]

Ⓥ 박수를 치다, 손뼉을 치다
Everyone clapped at the end of the ceremony.
식이 끝날 때 모든 사람들이 박수를 쳤다.

---

valley
[væli]

Ⓜ 골짜기, 계곡
There is snow on the hill, not in the valley.
언덕에는 눈이 있지만 계곡에는 없다.

---

spicy
[spáisi]

Ⓗ ① 매운 ② 양념을 넣은
I have a preference for sweet and spicy food.
나는 달고 매운 음식을 선호한다.

참 salty (맛이) 짠

steam
[sti:m]

㈅ 증기, 수증기
The boat runs on steam.
그 배는 증기로 운행한다.

discuss
[diskΛs]

㈁ 토론하다, 논의하다   **discussion** ㈅ 토론, 논의
We'll discuss where to meet later.
나중에 어디에서 만날지 의논할 것이다.

expression
[ikspréʃən]

㈅ ① 표현 ② 표정   **express** ㈁ 표현하다
My teacher uses some very odd expressions.
우리 선생님은 아주 이상한 표현을 좀 쓰신다.

false
[fɔ:ls]

㈇ ① 틀린, 옳지 못한 ② 거짓의
She gave them a false name and address.
그녀는 그들에게 거짓 이름과 주소를 알려 주었다.

㈃ correct 옳은

importance
[impɔ́:rtəns]

㈅ 중요(성)   **important** ㈇ 중요한
It shows the importance of training its employees.
그것은 직원 교육의 중요성을 보여 준다.

must
[mΛst]

㈁ ① ~해야 한다 ② ~임에 틀림없다
You must stop at the red light. 빨간 불일 때는 멈춰라.

official
[əfíʃəl]

㈇ 공식적인, 공무상의 ㈅ 공무원, 관리
English is the country's official language.
영어는 그 나라의 공식 언어이다.

present
[prézənt]

㈅ ① 선물 ② 현재 ㈇ ① 참석한 ② 현재의
They gave me a necklace as a present.
그들은 선물로 나에게 목걸이를 주었다.

㈔ gift 선물

simple
[símpl]

㈇ 단순한, 간단한   **simply** ㈂ 간단히, 단순하게
It's simple to find our school. 우리 학교를 찾는 것은 간단하다.

army
[á:rmi]

㈅ 군대, 육군
My grandfather served in the army for 20 years.
우리 할아버지는 20년간 군대에서 복무하셨다.

㈄ soldier 군인

A 주어진 단어의 뜻을 영어는 우리말로, 우리말은 영어로 쓰세요.

1 army _____

2 bone _____

3 importance _____

4 must _____

5 official _____

6 선물, 현재(의), 참석한 _____

7 단순한, 간단한 _____

8 증기, 수증기 _____

9 골짜기, 계곡 _____

10 어느 것, 어느 쪽의 _____

B 알맞은 단어를 넣어 주어진 어구를 완성하세요.

1 _____ teeth 틀니, 의치

2 _____ a problem 문제를 논의하다

3 _____ meat 질긴 고기

4 _____ a present 선물을 포장하다

5 _____ food 매운 음식

6 a street _____ 가로등

7 _____ a fire 화재를 신고하다

8 freedom of _____ 표현의 자유

9 a(n) _____ student 똑똑한 학생

10 _____ one's hands 손뼉을 치다

C 알맞은 단어를 골라 문장을 완성하세요.

1 He joined the (bone / army) after graduation.

그는 졸업 후에 군대에 입대했다.

2 What is its (official / clever) name?

그것의 공식적인 이름은 무엇인가요?

3 (Spicy / Steam) is rising from the hot cocoa.

뜨거운 코코아에서 증기(김)가 올라오고 있다.

4 At (expression / present) John is working at a bank.

현재 존은 은행에서 일한다.

5 The answer is very (false / simple).

대답은 매우 간단하다.

정답 p.123 ➡

MP3 듣기 ▶

what
[wɑːt]

㈜ ① 무엇 ② 얼마 ⑱ 무슨, 어떤
What subjects are you studying? 무슨 과목을 공부하고 있니?

㈜ who 누구

---

choice
[tʃɔis]

⑲ 선택, 결정 **choose** ⑧ 선택하다
Applicants have a **choice** whether to stay or leave.
지원자들은 남거나 떠날 선택권이 있다.

㈜ selection 선택

---

area
[ɛ́əriə]

⑲ ① 지역 ② 영역, 분야
My family has lived in this **area** for years.
우리 가족은 수년간 이 지역에서 살았다.

㈜ region 지역

---

instead
[instéd]

⑭ 대신에
If you don't have salt, you can use pepper **instead**.
소금이 없다면 대신 후추를 쓰면 된다.

---

stress
[stres]

⑲ ① 스트레스, 압박 ② 강조 ⑧ 강조하다
stressful ⑱ 스트레스가 많은
Sarah has been under a lot of **stress** lately.
사라는 요즘에 스트레스를 많이 받고 있다.

㈜ emphasize
강조하다

---

bow
[bau]

⑧ (인사로) 머리를 숙이다, 절하다 ⑲ 인사, 절
Do we have to **bow** to the man?
우리가 그 남자에게 고개 숙여 인사를 해야 해?

---

pin
[pin]

⑲ 핀, 고정핀
Some **pins** were stuck in the notice board.
몇 개의 핀이 게시판에 꽂혀 있었다.

---

communicate
[kəmjúːnəkèit]

⑧ ① 의사소통하다 ② 전달하다 **communication** ⑲ 의사소통
We can **communicate** with each other via e-mail.
우리는 이메일을 통해 서로 연락을 주고받을 수 있다.

---

sore
[sɔːr]

⑱ 아픈
The patient has a **sore** throat. 환자는 목이 따가웠다.

㈜ painful 아픈

---

wife
[waif]

⑲ 아내
The reporter met him and his **wife**. 기자는 그와 그의 아내를 만났다.

㈜ husband 남편

greet
[griːt]

동 ① ~에게 인사하다 ② 환영하다, 맞이하다
The manager greeted her at the airport.
그 매니저는 공항에서 그녀를 맞이했다.

유 welcome
환영하다

---

project
[prάdʒekt]

명 ① 계획, 프로젝트 ② 연구 과제 동 ① 계획하다 ② 투영하다
It is one of the biggest construction projects in Korea.
그것은 한국에서 가장 큰 건설 프로젝트 중 하나이다.

유 plan 계획

---

worm
[wəːrm]

명 벌레
Kids often see worms in the garden.
아이들은 정원에서 벌레들을 종종 본다.

참 earthworm
지렁이

---

few
[fjuː]

형 (수가) 거의 없는
Very few students failed the test.
시험에 불합격한 학생들은 거의 없다.

참 little
(양이) 거의 없는

---

hunt
[hʌnt]

동 사냥하다 명 사냥   hunter 명 사냥꾼
The wolf was hunting its prey.
늑대는 먹잇감을 사냥하고 있었다.

---

site
[sait]

명 위치, 장소, 현장
We visited the site of our future house.
우리들은 앞으로 집을 지을 장소를 방문했다.

유 place 장소

---

care
[kɛər]

명 ① 걱정 ② 주의 ③ 돌봄 동 ① 걱정하다 ② 돌보다
Thanks to her love and care, Dave is very healthy.
그녀의 사랑과 돌봄 덕분에 데이브는 매우 건강하다.

---

true
[truː]

형 ① 진실의, 참된 ② 진짜의   truth 명 진실, 사실; 진리
Is it true that you are going to study abroad?
네가 유학 간다는 게 사실이야?

---

research
[risə́ːrtʃ]

명 연구, 탐구, 조사 동 연구하다, 조사하다
researcher 명 연구원, 조사원
A lot of research is needed for my homework.
숙제를 위해 많은 조사가 필요하다.

---

direct
[dirékt]

형 ① 직행의, 일직선의 ② 직접적인 동 지도하다, 감독하다
It is a direct flight from Tokyo to Chicago.
그것은 도쿄에서 시카고까지 직항편이다.

Exercise

A 주어진 단어의 뜻을 영어는 우리말로, 우리말은 영어로 쓰세요.

1 worm _____

2 wife _____

3 what _____

4 sore _____

5 site _____

6 핀, 고정핀 _____

7 대신에 _____

8 (수가) 거의 없는 _____

9 선택, 결정 _____

10 지역, 영역, 분야 _____

B 알맞은 단어를 넣어 주어진 어구를 완성하세요.

1 _____ to each other 서로 고개 숙여 인사하다

2 _____ ideas 생각을 전하다

3 _____ a movie 영화를 감독하다

4 _____ a lion 사자를 사냥하다

5 medical _____ 의학 연구

6 reduce _____ 스트레스를 줄이다

7 _____ one's guests 손님에게 인사하다

8 take _____ of it 그것을 돌보다

9 a science _____ 과학 과제물

10 a(n) _____ story 실제 이야기

C 알맞은 단어를 골라 문장을 완성하세요.

1 You made a good (pin / choice). 당신은 좋은 선택을 했다.

2 There are (few / true) people on the bus. 버스에 사람들이 거의 없다.

3 Most (areas / worms) are helpful to plants. 대부분의 벌레는 식물에게 이롭다.

4 Let's eat outside (instead / care). 대신 나가서 먹자.

5 My arm felt (site / sore). 내 팔이 쑤신다.

정답 p.124 ➡

Day 24

MP3 듣기 ▶

who
[hu:]

㉓ 누구, 어떤 사람
Who sent the letter to you? 누가 너에게 편지를 보냈니?

㉠ what 무엇

single
[síŋgl]

㉳ ① 단 하나의, 단독의 ② 1인용의 ③ 혼자의
The room has two single beds. 그 방은 1인용 침대가 2개 있다.

yet
[jet]

㉵ ① (부정문) 아직 ② (의문문) 이미, 벌써
I haven't washed my hands yet.
나는 아직 손을 씻지 않았다.

㉴ already
이미, 벌써

author
[ɔ́:θər]

㉳ 저자, 작가
I can't remember the name of the author.
작가의 이름이 기억나지 않는다.

㉴ writer 작가

common
[kámən]

㉳ ① 흔한 ② 공통의 ③ 일반적인
I didn't know that they have a common ancestor.
그들의 조상이 같다는 것을 몰랐다.

㉴ general 일반의

steel
[sti:l]

㉳ ① 강철 ② 철강
Steel is an important industry in this country.
철강은 이 나라에서 중요한 산업이다.

㉴ iron 철, 쇠

however
[hauévər]

㉵ 하지만, 그러나
It was not easy. However, I overcame it.
그것은 쉽지 않았지만, 나는 그것을 극복했다.

degree
[digrí:]

㉳ ① (각도 · 온도의) 도 ② 정도 ③ 학위
There are 360 degrees in a circle. 원은 360도이다.

focus
[fóukəs]

㉵ 집중하다, 집중시키다 ㉳ 초점
We will focus on these two main topics.
우리는 이 두 가지 주제에 집중할 것이다.

㉴ concentrate
집중하다

classic
[klǽsik]

㉳ ① 일류의 ② 전형적인 ③ 고전적인
She prefers classic furniture designs.
그녀는 고전적인 가구 디자인을 선호한다.

㉴ classical 고전의

fact
[fækt]

몡 사실, 진실
This book is filled with interesting facts.
이 책은 흥미로운 사실들로 가득하다.

유 truth 사실

---

modern
[mádərn]

혱 ① 현대의, 현대적인 ② 최신의
He is known as the father of modern medicine.
그는 현대 의학의 아버지로 알려져 있다.

유 current 현재의

---

nephew
[néfjuː]

몡 (남자) 조카
They are planning a 6th birthday party for their nephew.
그들은 조카의 6번째 생일 파티를 계획하고 있다.

반 niece (여자) 조카

---

protect
[prətékt]

동 보호하다, 지키다   **protection** 몡 보호
We had no raincoat to protect ourselves from the rain.
우리는 비로부터 우리들을 지킬 우비를 갖고 있지 않았다.

---

wave
[weiv]

몡 ① 파도, 물결 ② (빛 · 소리 등의) 파동 동 (손 · 팔을) 흔들다
I waved to my friends through the window.
나는 창문을 통해 친구들에게 손을 흔들었다.

유 shake 흔들다

---

soon
[suːn]

부 ① 곧, 금방 ② 빨리
If you don't leave soon, you are going to miss the train.
빨리 출발하지 않으면 기차를 놓칠 것이다.

유 quickly
빨리, 신속히

---

powder
[páudər]

몡 가루, 분말
This is a cosmetic in the form of powder.
이것은 분말 형태의 화장품이다.

유 flour 가루, 밀가루

---

track
[træk]

몡 ① 길 ② (기차) 선로 ③ 흔적, 자국
Follow the track into the forest. 숲으로 가는 그 길을 따라가세요.

유 path 길, 경로

---

click
[klik]

동 ① 클릭하다 ② 찰칵하는 소리를 내다 몡 찰칵하는 소리
To open the program, click the left mouse button.
프로그램을 열기 위해서 마우스 왼쪽을 클릭하세요.

---

row
[rou]

몡 열, 줄 동 (노로) 배를 젓다
She was sitting in the front row. 그녀는 앞줄에 앉아 있었다.

A 주어진 단어의 뜻을 영어는 우리말로, 우리말은 영어로 쓰세요.

1 author _____

2 nephew _____

3 powder _____

4 soon _____

5 who _____

6 (각도 · 온도의) 도 _____

7 하지만, 그러나 _____

8 줄, (노로) 배를 젓다 _____

9 길, 선로, 흔적, 자국 _____

10 아직, 이미, 벌써 _____

B 알맞은 단어를 넣어 주어진 어구를 완성하세요.

1 _____ novels   고전 소설

2 _____ an icon   아이콘을 클릭하다

3 _____ problems   흔한 문제

4 _____ the camera   카메라 초점을 맞추다

5 _____ art   현대 미술

6 _____ wildlife   야생 동물을 보호하다

7 _____ people   결혼하지 않은 사람들

8 _____ structures   강철 구조물

9 a little _____   작은 파도

10 in _____   사실은

C 알맞은 단어를 골라 문장을 완성하세요.

1 The train went off the (fact / track).   그 기차는 탈선했다.

2 I see an empty seat in the second (row / wave).   두 번째 줄에 빈 좌석이 하나 보인다.

3 She is a best-selling (author / classic).   그녀는 베스트셀러 작가이다.

4 It's 20 (focus / degrees) Celsius.   섭씨 20도이다.

5 I'll see you (yet / soon).   곧 보자.

정답 p.124 ➡

around
[əráund]

㉑ ~의 주위에, ~의 둘레에 ㉮ ① 약, 대략 ② 여기저기에
We drove around looking for a parking lot.
우리는 주변을 운전하면서 주차장을 찾아다녔다.

---

ghost
[goust]

㉳ 유령, 귀신
Do you believe in ghosts? 귀신이 있다고 믿으세요?

---

bored
[bɔːrd]

㉴ 지루한, 지겨운
Brian was bored with the game. 브라이언은 그 경기가 지루했다.

㉶ excited 신이 난

---

sidewalk
[sáidwɔ̀ːk]

㉳ 보도, 인도
Bicycles are not allowed on the sidewalk.
자전거는 보도로 다닐 수 없다.

㉵ crosswalk
횡단보도

---

solid
[sálid]

㉴ ① 고체의 ② 견고한
Concrete is a solid material. 콘크리트는 고체의 물체이다.

㉵ liquid 액체의

---

washroom
[wáʃru(ː)m]

㉳ (공공건물) 화장실
Could you tell me where the washroom is?
화장실이 어디 있나요?

㉷ restroom
(백화점 · 식당 등
의) 화장실

---

without
[wiðáut]

㉑ ① ~없이 ② ~하지 않고
I can't see anything without my glasses.
안경 없이는 아무것도 볼 수 없다.

㉶ with ~와 함께

---

bowling
[bóuliŋ]

㉳ 볼링
My brother and I like to play bowling.
우리 형과 나는 볼링 치는 것을 좋아한다.

---

polite
[pəláit]

㉴ 예의 바른, 공손한   politely ㉮ 예의 바르게, 공손하게
You must be more polite to your neighbors.
이웃들에게 더 공손해야 한다.

---

cart
[kɑːrt]

㉳ 수레, 카트
A horse is pulling a cart. 말 한 마리가 수레를 끌고 있다.

---

float
[flout]

동 ① (물에) 뜨다, 떠오르다 ② 떠다니다
Lots of leaves floated on the water. 많은 나뭇잎들이 물 위에 떴다.

---

trick
[trik]

명 ① 속임수, 계략 ② 장난 동 속이다
He thought they were playing a trick on him.
그는 그들이 자신에게 속임수를 쓰고 있다고 생각했다.

---

impossible
[impásəbl]

형 불가능한
It is impossible to predict the future.
미래를 예상하는 것은 불가능하다.

반 possible 가능한

---

match
[mætʃ]

명 ① 경기, 시합 ② 성냥 동 어울리다
Her skirt and shoes matched perfectly.
그녀의 치마와 신발이 완벽하게 어울렸다.

유 game 경기

---

own
[oun]

형 자기 자신의 동 소유하다
His uncle owns a considerable amount of land.
그의 삼촌은 상당한 양의 땅을 소유하고 있다.

유 have 가지다

---

recommend
[rèkəménd]

동 ① 추천하다 ② 권하다   recommendation 명 추천
One of my friends recommended this restaurant.
내 친구 중 한 명이 이 식당을 추천했다.

---

department
[dipá:rtmənt]

명 ① 부서 ② 부문, 분야
Your letter has been sent to our sales department.
당신의 편지는 우리 영업부로 발송되었다.

---

weigh
[wei]

동 ① 무게가 ~이다 ② ~의 무게를 달다   weight 명 무게
The farmer used a scale to weigh the bananas.
농부는 바나나의 무게를 달기 위해 저울을 사용했다.

---

fool
[fu:l]

명 바보, 멍청이 동 속이다   foolish 형 어리석은
He felt like a fool when he made such a mistake.
그는 자신이 그런 실수를 했을 때 바보처럼 느꼈다.

---

spread
[spred]

동 ① 펴다, 펼치다 ② 퍼뜨리다 (spread - spread - spread)
The seeds are spread by wind. 씨앗들은 바람에 의해 퍼뜨려진다.

A 주어진 단어의 뜻을 영어는 우리말로, 우리말은 영어로 쓰세요.

1 without _____

2 washroom _____

3 sidewalk _____

4 polite _____

5 ghost _____

6 ~의 주위에, 대략 _____

7 볼링 _____

8 부서, 분야 _____

9 바보, 속이다 _____

10 펼치다, 퍼뜨리다 _____

B 알맞은 단어를 넣어 주어진 어구를 완성하세요.

1 push a(n) _____ 카트(수레)를 밀다

2 _____ in the air 공중에 떠 있다

3 _____ a house 주택을 소유하다

4 a tennis _____ 테니스 경기

5 _____ a movie 영화를 추천하다

6 a(n) _____ form 고체 형태

7 _____ 10 kilos 무게가 10kg이다

8 feel _____ 지루함을 느끼다

9 a(n) _____ dream 불가능한 꿈

10 play a(n) _____ on me 나에게 장난을 치다

C 알맞은 단어를 골라 문장을 완성하세요.

1 I watched a (match / bowling) game on TV.

나는 TV에서 볼링 경기를 봤다.

2 The university has the (Cart / Department) of Computer Science.

그 대학에는 컴퓨터 학과가 있다.

3 They told a (ghost / fool) story around the camp fire.

그들은 모닥불 주변에서 귀신 이야기를 했다.

4 The wildfire (tricked / spread) quickly.

산불은 급속히 번졌다.

5 You cannot ride a bicycle on (sidewalks / washrooms).

인도에서 자전거를 탈 수 없다.

정답 p.124 ➡

A 주어진 단어와 알맞은 뜻을 찾아 연결하세요.

1 boil • • 포장하다   6 modern • • 현대의

2 wrap • • 아직, 벌써   7 however • • 보호하다

3 relationship • • 끓(이)다   8 focus • • 하지만

4 clap • • 박수를 치다   9 greet • • 인사하다

5 yet • • 관계, 관련   10 protect • • 집중하다

B 단어의 관계에 맞게 빈칸을 채우세요.

1 disease : illness = present : _____   6 stress : stressful = fool : _____

2 silly : _____ = clever : smart   7 polite : _____ = general : generally

3 _____ : express
= discussion : discuss
   8 fantastic : wonderful
= tough : _____

4 simple : simply = official : _____   9 _____ : important = care : careful

5 area : _____ = sore : painful   10 false : correct = _____ : possible

C 알맞은 단어를 넣어 문장을 완성하세요.

1 I _____ watch a movie this weekend.   나는 이번 주말에 영화를 볼 것이다.

2 _____ cap should I wear, the red or the blue one?   빨간 모자와 파란 모자 중 무엇을 쓰지?

3 Wear a safety helmet on a construction _____.   공사 현장에서는 안전모를 써라.

4 I put some cocoa _____ in the milk.   나는 우유에 코코아 분말을 좀 넣었다.

5 Mom usually drinks coffee _____ sugar.   엄마는 주로 설탕 없이 커피를 마신다.

정답 p.124➡

Vocabulary Plus

☐ **make a mistake** 실수를 하다	Andrew **made a** stupid **mistake**. 앤드류는 바보 같은 실수를 했다.
☐ **make a speech** 연설을 하다	He **made a speech** in front of his students. 그는 자신의 학생들 앞에서 연설을 했다.
☐ **make friends with** ~와 친해지다	Noah wants to **make friends with** Olivia. 노아는 올리비아와 친해지고 싶다.
☐ **take a bath** 목욕하다	Oliver is **taking a bath** now. 올리버는 지금 목욕하는 중이다.
☐ **take a picture** 사진을 찍다	My sister likes to **take a picture**. 우리 누나는 사진 찍는 것을 좋아한다.
☐ **take a rest** 휴식을 취하다	You need to **take a rest**. 너는 휴식을 취할 필요가 있다.
☐ **take care of** ~를 돌보다	I have to **take care of** my little sister. 나는 여동생을 돌봐야 한다.
☐ **have a cold** 감기에 걸리다	They **have a** bad **cold**. 그들은 독한 감기에 걸렸다.
☐ **have a fever** 열이 있다	Peggy **has a fever**. 페기는 열이 있다.
☐ **have a runny nose** 콧물이 나다	My little brother **has a runny nose**. 내 남동생은 콧물이 난다.

✏️ Check-up Test

1 Lucy _____ _____ _____ in front of a large audience.
루시는 많은 청중들 앞에서 연설을 했다.

2 Caroline likes to _____ _____ _____.
캐롤라인은 목욕하는 것을 좋아한다.

3 Let's _____ _____ _____ of ourselves under that tree.
우리 저 나무 아래에서 사진 찍자.

4 Don't _____ the same _____ again.
똑같은 실수를 다시 하지 마라.

5 He _____ _____ _____ and a runny nose.
그는 열이 나고 콧물이 난다.

정답 p.125 ➡

Chapter 06

Day 26
~
Day 30

Day 26

MP3 듣기 ▶

wheel
[hwiːl]

몡 ① 바퀴 ② 자동차 핸들
I need a suitcase with wheels on the bottom.
나는 바닥에 바퀴가 있는 여행 가방이 필요하다.

flood
[flʌd]

몡 ① 홍수 ② 쇄도, 범람
The flood destroyed every bridge. 홍수는 모든 다리를 파괴했다.

anybody
[énibàdi]

때 ① (긍정문) 누구든지 ② (부정문) 아무도 ③ (의문문) 누군가
Is there anybody who doesn't want to go there?
거기에 안 가고 싶은 사람 있나요?

pity
[píti]

몡 ① 동정, 연민 ② 유감 동 동정하다
pitiful 형 측은한, 가엾은
It's a pity that he lost his dog. 그가 개를 잃어버리다니 유감이다.

summary
[sʌ́məri]

몡 요약, 개요   summarize 동 요약하다
The old man provided summaries of the novel.
그 노인은 소설의 요약본을 제공했다.

junior
[dʒúːnjər]

형 ① 손아래의, 후배의 ② 청소년의 몡 하급자, 후배
I was the most junior person there. 나는 거기에서 가장 후배였다.

반 senior
손위의, 선배의

branch
[bræntʃ]

몡 ① 나뭇가지 ② 지점, 지사
The bank has branches in over 30 cities.
그 은행은 30개 이상의 도시에 지점을 갖고 있다.

treasure
[tréʒər]

몡 보물 동 소중히 여기다
Have you ever heard a legend about the buried treasure?
묻힌 보물에 관한 전설 들어봤어?

유 jewel
보석, 장신구

out
[aut]

부 밖에, 밖으로
I cleaned my car inside and out. 나는 차 안과 밖을 청소했다.

반 in 안에, 안으로

closet
[klázit]

몡 벽장
The blankets are in the closet. 담요는 벽장에 있다.

유 cupboard
붙박이장

warn
[wɔːrn]

ⓢ 경고하다, 주의를 주다　　**warning** ⓜ 경고, 주의
My parents warned me to be careful.
부모님은 나에게 조심하라고 경고하셨다.

dessert
[dizə́ːrt]

ⓜ 디저트, 후식
Coffee will be served with dessert.
커피가 디저트와 함께 제공될 것이다.

excuse
[ikskjúːs]

ⓜ 변명, 이유 ⓢ ① 용서하다 ② 변명하다
Please excuse me for not coming earlier.
더 일찍 오지 못한 것을 용서하세요.

ⓤ forgive 용서하다

shoot
[ʃuːt]

ⓢ (총 · 화살을) 쏘다, 쏘아 잡다 (shoot - shot - shot)
The player shot the arrow into the air.
선수가 공중에 화살을 쏘았다.

heat
[hiːt]

ⓜ ① 열 ② 온도 ③ 더위 ⓢ 가열하다
A cook heated the vegetables in the microwave.
요리사가 전자레인지에서 야채를 가열했다.

respect
[rispékt]

ⓢ 존경하다, 존중하다 ⓜ 존경, 존중
respectful ⓗ 존경하는, 정중한
Students showed their respect for the teacher.
학생들이 선생님께 존경을 보였다.

medical
[médikəl]

ⓗ 의학의　　**medicine** ⓜ 약; 의학
It was an important advance in medical science.
그것은 의학에서 중요한 진보였다.

article
[áːrtikl]

ⓜ ① (신문 · 잡지의) 글, 기사 ② 조항 ③ 물건
I read an interesting article in the newspaper.
신문에서 흥미로운 기사를 읽었다.

windy
[wíndi]

ⓗ 바람이 부는
It is a very windy and foggy day.
바람이 많이 불고 안개가 낀 날이다.

ⓒ foggy 안개가 낀

signal
[sígnəl]

ⓜ ① 신호 ② 징후
The man waved a flag as a signal.
그 남자는 신호로 깃발을 흔들었다.

ⓤ sign 신호

Exercise

A 주어진 단어의 뜻을 영어는 우리말로, 우리말은 영어로 쓰세요.

1 wheel _____   6 누구든지, 아무도, 누군가 _____

2 warn _____   7 벽장 _____

3 signal _____   8 디저트, 후식 _____

4 respect _____   9 홍수, 쇄도, 범람 _____

5 out _____   10 열, 온도, 가열하다 _____

B 알맞은 단어를 넣어 주어진 어구를 완성하세요.

1 a(n) _____ school   의과 대학   6 hidden _____   숨겨진 보물

2 a(n) _____ office   지사, 지국   7 a(n) _____ day   바람 부는 날

3 _____ to me   나보다 손아래이다   8 a newspaper _____   신문 기사

4 feel deep _____   깊은 연민을 느끼다   9 make a(n) _____   핑계를 대다

5 in _____   요약하면   10 _____ an arrow   화살을 쏘다

C 알맞은 단어를 골라 문장을 완성하세요.

1 They had ice cream for (article / dessert).   그들은 디저트로 아이스크림을 먹었다.

2 Who do you (respect / excuse) the most?   당신은 누구를 가장 존경합니까?

3 He (warned / shoot) me about the dangers.   그는 나에게 위험을 경고했다.

4 We've received a (signal / flood) of e-mail.   우리에게 이메일이 쇄도했다.

5 A tricycle has three (wheels / treasures).   세발자전거는 바퀴가 세 개 있다.

정답 p.125 ➡

Day 27

MP3 듣기 ▶

where [wɛər]	匣 어디에, 어디로 Where does that road lead? 저 길은 어디로 이어집니까?	참 when 언제
ill [il]	형 아픈, 병든 My younger sister has been ill for a week. 내 여동생이 일주일 동안 아팠다.	유 sick 아픈, 병든
shelf [ʃelf]	명 선반 She took a few books from the shelf. 그녀는 선반에서 책 몇 권을 꺼냈다.	
athlete [金θli:t]	명 운동선수 Mr. Lee is one of Korea's top fencing athletes. 이 씨는 한국 최고의 펜싱 선수 중 한 명이다.	유 player 선수, 경기자
roll [roul]	동 구르다, 굴리다 명 (둥글게 말아 놓은) 통, 두루마리 The pencil went rolling across the floor. 연필이 바닥을 가로질러 굴러갔다.	
trouble [trʌ́bl]	명 문제, 골칫거리 I'm having some trouble with this new cell phone. 이 새 휴대폰에 문제가 좀 있다.	유 problem 문제
blind [blaind]	형 눈이 먼, 장님의 His father is completely blind. 그의 아버지는 완전히 장님이다.	참 deaf 귀가 먼
plate [pleit]	명 ① (납작한) 접시 ② 요리 I ate a plate of cheese and crackers. 나는 치즈와 크래커 한 접시를 먹었다.	유 dish 큰 접시
stupid [stjú:pid]	형 어리석은, 멍청한 The stupid man believes that it is true. 그 어리석은 남자는 그것이 사실이라고 믿는다.	유 foolish 어리석은
fry [frai]	동 (기름에) 튀기다, 볶다 They fried onion and garlic in the kitchen. 그들은 주방에서 양파와 마늘을 볶았다.	

bush
[buʃ]

명 덤불, 관목
They were trimming the bushes.
그들은 관목을 다듬고 있었다.

---

period
[pí(:)əriəd]

명 ① 기간, 시기 ② 시대
The long dry period finally ended. 긴 건기가 드디어 끝났다.

유 term 기간, 임기

---

ever
[évər]

부 ① (긍정문) 언제나 ② (부정문ㆍ의문문ㆍ조건문) 언젠가, 이전에
Have you ever been to Africa? 아프리카에 가 본 적이 있나요?

---

video
[vídiòu]

명 ① 비디오 ② 영상 ③ 녹화
They made a video of the wedding. 그들은 결혼식을 녹화했다.

참 audio
오디오, 음성

---

wonder
[wʌ́ndər]

동 ① 궁금해하다 ② 놀라다 명 ① 경이, 기적 ② 놀라움
wonderful 형 경이로운
I was wondering if she'll get married.
그녀가 결혼할지 안 할지 궁금했다.

---

community
[kəmjúːnəti]

명 ① 지역 사회 ② 공동체
Many communities are facing budget problems.
많은 지역 사회들은 예산 문제에 직면해 있다.

유 society
사회(집단)

---

dialogue
[dáiəlɔ̀(ː)g]

명 대화
The best part of the movie is the witty dialogue.
그 영화의 가장 좋은 부분은 재치 있는 대화이다.

유 conversation
대화

---

since
[sins]

전 ~이후로 접 ~한 후에, ~한 이래로
Everything has changed since the end of July.
7월 말 이후로 모든 것이 바뀌었다.

---

loose
[luːs]

형 헐거운, 느슨한
The rope was tied in a loose knot. 밧줄이 느슨한 매듭으로 묶였다.

반 tight
단단히 고정된

---

mystery
[místəri]

명 ① 신비 ② 수수께끼   **mysterious** 형 신비한
Science can explain the mysteries of the universe.
과학은 우주의 신비를 설명할 수 있다.

Exercise

A 주어진 단어의 뜻을 영어는 우리말로, 우리말은 영어로 쓰세요.

1 bush _____

2 community _____

3 ill _____

4 loose _____

5 shelf _____

6 언제나, 언젠가, 이전에 _____

7 접시, 요리 _____

8 ~이후로 _____

9 어디에, 어디로 _____

10 궁금해하다, 놀라다 _____

B 알맞은 단어를 넣어 주어진 어구를 완성하세요.

1 _____ in a film   영화 속의 대화

2 _____ some chicken   닭을 튀기다

3 a two-month _____   두 달의 기간

4 a(n) _____ mistake   바보 같은 실수

5 be in _____   어려움에 처하다

6 the _____ of a party   파티를 촬영한 영상

7 a(n) _____ novel   미스터리 소설

8 go _____   장님이 되다

9 an amateur _____   아마추어 선수

10 _____ down the hill   언덕 아래로 구르다

C 알맞은 단어를 골라 문장을 완성하세요.

1 She has a (loose / fry) tooth.   그녀는 이 하나가 흔들린다.

2 I put the cup on the (since / shelf).   나는 컵을 선반 위에 놓았다.

3 The girl's eyes were full of (mystery / wonder).   그 소녀의 눈은 놀라움으로 가득했다.

4 The boy ate a (plate / bush) of spaghetti.   그 소년은 스파게티 한 접시를 먹었다.

5 I felt (ill / stupid) all day long.   나는 하루 종일 아팠다.

정답 p.125 ➡

Day 28

maybe
[méibi:]

㉮ 아마도, 어쩌면
There will be maybe 10 people here.
아마 10명의 사람들이 여기에 있을 것이다.

㊞ perhaps 아마

---

anyone
[éniwÀn]

㈐ 누구나
Anyone can make a mistake. 누구나 실수를 할 수 있다.

㊞ anybody 누구나

---

appreciate
[əprí:ʃièit]

㉧ ① 감사하다 ② 감상하다 ③ 인정하다
I really appreciate all your help.
당신의 모든 도움에 대해 정말 감사합니다.

---

wing
[wiŋ]

㈔ ① 날개 ② 당파, 진영
A bird flies by moving its wings.
새는 날개를 움직여 난다.

---

slim
[slim]

㈅ 날씬한
Most ballet dancers are very slim.
대부분의 발레리나들은 아주 날씬하다.

㉣ fat 뚱뚱한

---

conversation
[kànvərséiʃən]

㈔ 대화
Conversation was almost impossible late at night.
밤늦은 시간에는 대화가 거의 불가능했다.

㊞ talk 이야기, 대화

---

diligent
[dílidʒənt]

㈅ 근면한, 성실한　　diligence ㈔ 근면, 성실
All companies want to hire diligent workers.
모든 회사들은 성실한 직원들을 고용하길 원한다.

㉣ lazy 게으른

---

fault
[fɔ:lt]

㈔ ① 잘못, 과실 ② 결점, 단점
It's not his fault that we're late.
우리가 늦은 건 그의 잘못이 아니다.

㊞ error 잘못, 실수

---

guide
[gaid]

㉧ ① 안내하다 ② 인도하다 ㈔ ① 안내서 ② 안내인
The book provides a good travel guide to China.
그 책은 훌륭한 중국 여행 안내서를 제공한다.

---

huge
[hju:dʒ]

㈅ 거대한, 막대한
We arrived at the airport carrying some huge bags.
우리는 몇 개의 거대한 가방들을 들고 공항에 도착했다.

㊞ enormous
거대한

---

pack
[pæk]

동 ① (짐을) 싸다, 꾸리다 ② 포장하다 명 꾸러미, 짐
Haven't you packed your suitcase yet?
아직 여행 가방을 싸지 않았니?

weight
[weit]

명 무게 　　weigh 동 무게가 ～이다
My uncle has lost weight since his accident.
우리 삼촌은 사고 이후 살이 빠졌다.

then
[ðen]

부 ① 그때, 그 당시 ② 그 다음에
Can you wait until then? 그때까지 기다릴 수 있어?

shade
[ʃeid]

명 그늘, 응달
We sat in the shade and ate our lunch.
우리는 그늘에 앉아 점심을 먹었다.

reach
[ri:tʃ]

동 (목적지에) 이르다, 도착하다
I hope to reach the top of the mountain before dark.
어두워지기 전에 산 정상에 가고 싶다.

유 arrive 도착하다

barber
[bá:rbər]

명 이발사
The barber is cutting my son's hair.
이발사가 우리 아들의 머리를 깎고 있다.

유 hairdresser
미용사

such
[sʌtʃ]

형 그와 같은, 그러한, 이러한
There is no such thing as a free ticket.
공짜 티켓이라는 그러한 것은 없다.

finally
[fáinəli]

부 마침내, 결국
Finally, they made up with each other.
마침내 그들은 서로 화해했다.

유 eventually 결국

interest
[íntərəst]

명 ① 흥미, 관심 ② 이자 ③ 이익
Music is one of his many interests.
음악은 그의 많은 관심사 중 하나이다.

actor
[ǽktər]

명 배우
Benjamin went to the school to become an actor.
벤자민은 배우가 되기 위해 그 학교에 갔다.

반 actress 여배우

Exercise

A 주어진 단어의 뜻을 영어는 우리말로, 우리말은 영어로 쓰세요.

1 anyone _____

2 appreciate _____

3 fault _____

4 maybe _____

5 reach _____

6 마침내, 결국 _____

7 날씬한 _____

8 그러한, 이러한 _____

9 그때, 그 다음에 _____

10 무게 _____

B 알맞은 단어를 넣어 주어진 어구를 완성하세요.

1 in the _____ of a tree　나무 그늘 안에서

2 go to a(n) _____　이발소에 가다

3 _____ foreigners　외국인을 안내하다

4 a(n) _____ student　성실한 학생

5 have a(n) _____　대화를 하다

6 have _____ in sports　스포츠에 관심이 있다

7 a famous _____　유명한 배우

8 a broken _____　부러진 날개

9 _____ a lunch　점심을 싸다

10 have a(n) _____ sale　큰 세일을 하다

C 알맞은 단어를 골라 문장을 완성하세요.

1 They (guided / reached) Seoul.　　그들은 서울에 도착했다.

2 I haven't seen (such / then) a tall building.　나는 그렇게 높은 건물을 본 적이 없다.

3 He is trying to lose (fault / weight).　그는 체중 감량을 시도하고 있다.

4 I really (appreciate / pack) your help.　도와주셔서 정말 감사합니다.

5 She looks (interest / slim) and fit.　그녀는 날씬하고 건강해 보인다.

정답 p.125 ⇒

Day 29

why
[wai]

(부) 왜, 무슨 까닭으로
Why didn't you call me? 나한테 왜 전화 안 했어?

(참) how 어떻게

---

palace
[pǽlis]

(명) 궁전, 궁궐
Buckingham palace is open to the public.
버킹엄 궁전은 대중에게 개방되어 있다.

(유) castle 성

---

participate
[pɑːrtísəpèit]

(동) (활동에) 참여하다, 참가하다　participation (명) 참여, 참가
Most people chose to participate in the game.
대부분의 사람들은 경기에 참가하기로 선택했다.

---

education
[èʤukéiʃən]

(명) 교육, 훈련　educate (동) 교육하다
He devoted much of his life to education.
그는 자신의 일생 대부분을 교육에 헌신했다.

---

bless
[bles]

(동) ① 축복하다　② 찬양하다
May God bless you and your family.
당신과 가족에게 신의 축복이 있기를.

---

wealth
[welθ]

(명) 부, 재산　wealthy (형) 부유한
His wealth is around $20 billion.
그의 재산은 약 200억 달러 정도이다.

---

view
[vjuː]

(명) ① 경치, 전망　② 견해, 생각
I have no evidence to support your view.
나는 너의 견해를 지지해 줄 증거를 갖고 있지 않다.

(유) scenery 경치

---

therefore
[ðɛ́ərfɔ̀ːr]

(부) 그러므로, 따라서
Therefore the children need to wear a sun hat and shorts.
그러므로 아이들은 햇빛 차단용 모자와 반바지를 입어야 한다.

(유) thus 그러므로

---

cost
[kɔ(ː)st]

(명) ① 값, 가격, 비용　② 희생　(동) (비용이) ~이다
We can cover the cost of heating.
우리는 난방 비용을 낼 수 있다.

(유) price 가격

---

stream
[striːm]

(명) ① 시내, 개울　② 흐름
A stream flows through the field. 개울은 들판을 가로질러 흐른다.

difference
[dífərəns]

⑲ 차이, 차이점　**different** ⑲ 다른
There's a big difference in prices. 가격 면에서 큰 차이가 있다.

---

attack
[ətǽk]

⑧ 공격하다 ⑲ 공격
He attacked them at dawn. 그는 새벽에 그들을 공격했다.

⑲ defend 방어하다

---

slice
[slais]

⑲ ① (얇게 썬) 조각 ② 일부, 몫 ⑧ 얇게 베다
Cut the bread into thin slices. 빵을 얇은 조각으로 자르세요.

⑨ piece 한 조각

---

even
[íːvən]

⑪ ① ~조차, ~까지도 ② 더욱 ⑲ 평평한
She feels cold in the office, even in summer.
그녀는 심지어 여름에도 사무실에서 춥다고 느낀다.

---

function
[fʌ́ŋkʃən]

⑲ 기능 ⑧ 작용하다
The function of her heart is poor.
그녀는 심장 기능이 좋지 않다.

---

imagine
[imǽdʒin]

⑧ ① 상상하다 ② 생각하다　**imagination** ⑲ 상상
I can't imagine life without them.
나는 그들이 없는 삶은 상상할 수 없다.

---

moment
[móumənt]

⑲ 순간, 잠깐
He stopped for a moment and cried silently.
그는 잠깐 동안 멈추었고 조용히 울었다.

⑨ instant
순간, 즉각

---

nothing
[nʌ́θiŋ]

⑭ 아무것도 ~아니다[없다]
You have nothing to worry about. 너는 걱정할 게 아무것도 없다.

⑳ something
어떤 것

---

sheet
[ʃiːt]

⑲ ① 시트, 얇은 천 ② (종이) 한 장
The answer is printed on the sheet.
해답은 종이에 인쇄되어 있다.

---

route
[ruːt]

⑲ ① 길, 노선 ② 수단, 방법
The most direct route to the country is through the sea.
그 나라로 가는 가장 직접적인 길은 바다를 이용하는 것이다.

⑨ way 길

Exercise

A 주어진 단어의 뜻을 영어는 우리말로, 우리말은 영어로 쓰세요.

1 why　　　　＿＿＿＿＿＿＿＿＿

2 therefore　＿＿＿＿＿＿＿＿＿

3 stream　　＿＿＿＿＿＿＿＿＿

4 participate　＿＿＿＿＿＿＿＿＿

5 nothing　　＿＿＿＿＿＿＿＿＿

6 축복하다, 찬양하다　＿＿＿＿＿＿＿＿＿

7 값, 가격, 비용　　　＿＿＿＿＿＿＿＿＿

8 ～조차, 더욱, 평평한　＿＿＿＿＿＿＿＿＿

9 기능, 작용하다　　　＿＿＿＿＿＿＿＿＿

10 상상하다, 생각하다　＿＿＿＿＿＿＿＿＿

B 알맞은 단어를 넣어 주어진 어구를 완성하세요.

1 a college ＿＿＿＿＿＿　대학 교육

2 tell the ＿＿＿＿＿＿　차이를 구별하다

3 at the ＿＿＿＿＿＿　지금, 현재

4 the royal ＿＿＿＿＿＿　왕궁

5 a(n) ＿＿＿＿＿＿ of paper　종이 한 장

6 take a(n) ＿＿＿＿＿＿　길을 따라가다

7 a(n) ＿＿＿＿＿＿ of bread　빵 한 조각

8 a(n) ＿＿＿＿＿＿ point　관점

9 great ＿＿＿＿＿＿　큰 재산

10 ＿＿＿＿＿＿ the enemy　적을 공격하다

C 알맞은 단어를 골라 문장을 완성하세요.

1 The (cost / function) of the house is $400,000.　　그 집의 가격은 40만 달러이다.

2 We need a(n) (palace / even) surface.　　우리는 평평한 땅이 필요하다.

3 (Imagine / Bless) a world without plants.　　식물 없는 세상을 상상해 봐라.

4 Many people (attacked / participated) in the game.　많은 사람들이 그 게임에 참여했다.

5 A shallow (stream / sheet) runs through the field.　얕은 개울이 그 들판을 흘러간다.

정답 p.125 ➡

Day 30

MP3 듣기 ▶

graduate
[grǽdʒueit]

동 졸업하다 명 졸업생
Lena graduated from Frost University in August.
레나는 8월에 프로스트 대학을 졸업했다.

---

anything
[éniθìŋ]

대 ① (부정문) 아무것도 ② (긍정문) 무엇이든
I'll do anything to help you.
내가 너를 도울 수 있는 것이라면 뭐든 할게.

---

perhaps
[pərhǽps]

부 아마도
Perhaps he will not take this exam.
아마도 그는 이 시험을 치지 않을 것이다.

유 maybe 아마

---

breathe
[bri:ð]

동 숨 쉬다, 호흡하다 **breath** 명 호흡
The patient wasn't able to breathe properly.
그 환자는 제대로 숨을 쉴 수 없었다.

---

convenient
[kənví:njənt]

형 편리한 **convenience** 명 편리, 편의
When is a convenient time for you to visit us?
저희를 방문할 편리한 시간은 언제인가요?

---

structure
[strʌ́ktʃər]

명 ① 구조, 구성 ② 건축물
The structure was damaged by a fire.
그 건축물은 화재로 피해를 입었다.

---

fair
[fɛər]

형 공평한, 공정한 명 박람회
I try to be fair to my children. 나는 자녀들에게 공정하려고 한다.

반 unfair 불공평한

---

interview
[íntərvjùː]

명 면접, 인터뷰 동 면접하다 **interviewer** 명 면접관
I've got an interview for a job. 나는 취업 면접이 있다.

---

mention
[ménʃən]

동 언급하다, 말하다 명 언급
I'll mention it when I see them tonight.
오늘 밤 그들을 만나면 그것을 언급할게.

---

nearby
[níərbái]

형 근처의, 바로 가까이의 부 근처에, 가까운 곳에
I came across him in a nearby shop.
근처의 상점에서 그와 우연히 마주쳤다.

trust
[trʌst]

㊂ 신뢰, 믿음 ㊅ 신뢰하다, 믿다
Our relationship was created on mutual trust.
우리의 관계는 상호 신뢰에서 만들어졌다.

---

dislike
[disláik]

㊅ 싫어하다 ㊂ 혐오, 반감
Cats dislike getting their fur wet.
고양이들은 그들의 털이 젖는 것을 싫어한다.

㊒ hate 싫어하다

---

pardon
[páːrdn]

㊂ 용서 ㊅ 용서하다
They asked my pardon for taking so much of my time.
그들은 내 시간을 많이 뺏어서 용서를 구했다.

㊒ forgive 용서하다

---

raise
[reiz]

㊅ ① 올리다 ② 기르다
The man raised the flag to the top of the pole.
남자는 장대 꼭대기까지 깃발을 올렸다.

㊒ lift 들어 올리다

---

western
[wéstərn]

㊏ 서쪽의
I traveled the western part of the state.
나는 주의 서쪽 지역을 여행했다.

㊛ eastern 동쪽의

---

slip
[slip]

㊅ 미끄러지다
Be careful not to slip on the wet floor.
젖은 바닥에서 미끄러지지 않도록 조심해라.

㊒ slide 미끄러지다

---

tour
[tuər]

㊂ 관광, 여행 ㊅ 여행하다
Mat began a world tour with his team.
매트는 자신의 팀과 함께 세계 여행을 시작했다.

㊒ journey 여행

---

away
[əwéi]

㊄ ① 떨어져 ② 사라져 ③ 멀리, 다른 데로
Chris, stay away from the window!
크리스, 창문에서 멀리 떨어져!

---

whole
[houl]

㊏ 전체의, 모든 ㊂ 전체, 전부
Her whole family came to watch her game.
그녀의 가족 전체가 그녀의 경기를 보러 왔다.

㊒ entire 전체의

---

pain
[pein]

㊂ 아픔, 고통   **painful** ㊏ 아픈, 고통스러운
I'm having terrible pains in my leg. 나는 다리에 심한 통증이 있다.

A 주어진 단어의 뜻을 영어는 우리말로, 우리말은 영어로 쓰세요.

1 western _____

2 slip _____

3 perhaps _____

4 pardon _____

5 nearby _____

6 아무것도, 무엇이든 _____

7 떨어져, 사라져, 멀리 _____

8 편리한 _____

9 언급하다, 언급 _____

10 신뢰하다, 믿다, 신뢰 _____

B 알맞은 단어를 넣어 주어진 어구를 완성하세요.

1 _____ deeply   깊게 숨을 쉬다

2 _____ sports   스포츠를 싫어하다

3 a(n) _____ game   공정한 게임

4 _____ from school   학교를 졸업하다

5 _____ a child   아이를 키우다

6 social _____   사회 구조

7 the _____ city   도시 전체

8 have a(n) _____   인터뷰하다

9 a(n) _____ in the stomach   복통

10 go on a(n) _____   관광하다

C 알맞은 단어를 골라 문장을 완성하세요.

1 The smartphone is very (perhaps / convenient).   스마트폰은 매우 편리하다.

2 Is there a bookstore (nearby / whole)?   이 근처에 서점이 있나요?

3 I beg your (pardon / mention)?   뭐라고 말씀하셨나요?

4 The girl (disliked / slipped) on the ice.   여자아이는 얼음 위에서 미끄러졌다.

5 She didn't say (away / anything).   그녀는 아무 말도 하지 않았다.

정답 p.126 ➡

A 주어진 단어와 알맞은 뜻을 찾아 연결하세요.

1 article ·   · 연민, 동정   6 diligent ·   · 순간, 잠깐

2 roll ·   · 장님의   7 education ·   · 구조, 구성

3 pity ·   · 구르다   8 breathe ·   · 숨쉬다

4 shade ·   · 그늘, 응달   9 structure ·   · 성실한

5 blind ·   · 기사, 물건   10 moment ·   · 교육, 훈련

B 단어의 관계에 맞게 빈칸을 채우세요.

1 out : in = loose : _____

2 mystery : _____
= difference : different

3 _____ : fat = junior : senior

4 pain : _____ = wealth : wealthy

5 summarize : _____
= imagine : imagination

6 stupid : foolish = ill : _____

7 dialogue : conversation
= excuse : _____

8 warn : warning = _____ : weight

9 period : term = athlete : _____

10 community : _____
= trouble : problem

C 알맞은 단어를 넣어 문장을 완성하세요.

1 Is _____ home?   누구 집에 있니?

2 I haven't seen her _____ last Friday.   나는 지난 금요일 이후로 그녀를 본 적이 없다.

3 It is my _____.   그것은 내 잘못이다.

4 _____ are you crying?   왜 울고 있니?

5 _____, I will visit Canada next year.   아마도 나는 내년에 캐나다를 방문할 것이다.

정답 p.126 ➡

Vocabulary Plus

☐ **be able to** ～을 할 수 있다

Henry **is able to** fix the chair.
헨리는 그 의자를 고칠 수 있다.

☐ **be good at** ～에 능숙하다

He **is good at** speaking Spanish.
그는 스페인어를 잘한다.

☐ **be poor at** ～에 서툴다

She **is poor at** driving a car.
그녀는 차를 운전하는 것이 서툴다.

☐ **be proud of** ～을 자랑스럽게 생각하다

Mr. Smith **is proud of** his children.
스미스 씨는 자녀들을 자랑스럽게 생각한다.

☐ **be tired of** ～에 싫증 나다

I'**m tired of** watching TV.
나는 TV를 보는 것이 싫증 난다.

☐ **be afraid of** ～을 무서워하다

My little sister **is afraid of** dogs.
나의 여동생은 개를 무서워한다.

☐ **be full of** ～로 가득하다

The box **is full of** books.
그 상자는 책들로 가득하다.

☐ **be nice to** ～에게 친절히 대하다

Dr. Mori **is** always **nice to** his patients.
모리 선생님은 항상 그의 환자들에게 친절히 대한다.

☐ **be absent from** ～에 결석하다

Paul **was absent from** school yesterday.
폴은 어제 학교에 결석했다.

☐ **be angry with/at**
～ 때문에 화가 나다

Harry **is angry with** his son.
해리는 그의 아들 때문에 화가 나 있다.

✏️ Check-up Test

1 Mike _____ _____ _____ make cookies.
마이크는 쿠키를 만들 수 있다.

2 Brian _____ _____ _____ playing soccer.
브라이언은 축구를 잘한다.

3 I _____ _____ _____ my parents.
나는 나의 부모님이 자랑스럽다.

4 I _____ _____ _____ playing the piano.
나는 피아노 치는 것이 싫증 난다.

5 Carlos _____ _____ _____ the meeting.
카를로스는 회의에 참석하지 않았다.

정답 p.126 ➡

Answers

Answers 정답

Chapter 01

Day 01 Exercise p.12

A

1 발견하다, 알다	2 가장 좋은, 최고의
3 각각의, 각자의	4 외로운, 고독한
5 호기심이 강한	6 bug
7 sand	8 about
9 rainy	10 pencil

B

1 abroad	2 artist
3 magic	4 zero
5 fan	6 score
7 gate	8 culture
9 habit	10 uniform

C

1 curious	2 gate
3 uniform	4 bug
5 sand	

Day 02 Exercise p.15

A

1 판매, 매매	2 기린
3 감정, 정서	4 (사건 등이) 일어나다, 발생하다
5 그물, 망, 네트	6 main
7 able	8 cage
9 pan	10 teenager

B

1 crowd	2 insect
3 feed	4 diet
5 skill	6 raincoat
7 battle	8 wish
9 better	10 item

C

1 able	2 cage
3 diet	4 raincoat
5 giraffe	

Day 03 Exercise p.18

A

1 우주 비행사	2 (여자) 조카
3 농작물, 수확물	4 다리, 교량

5 두꺼운, 굵은, 밀집한	6 sail
7 hall	8 end
9 oil	10 rat

B

1 cancel	2 clock
3 garbage	4 thunder
5 bell	6 festival
7 daily	8 shut
9 page	10 above

C

1 niece	2 garbage
3 festival	4 astronaut
5 end	

Day 04 Exercise p.21

A

1 100만	2 클럽, 동호회, 동아리
3 사촌	4 마지막의, 결정적인
5 부분, 일부, 부품	6 last
7 material	8 realize
9 shock	10 tea

B

1 across	2 cabin
3 elementary	4 healthy
5 bubble	6 sport
7 noon	8 data
9 band	10 global

C

1 across	2 final
3 bubble	4 club
5 tea	

Day 05 Exercise p.24

A

1 ~의 사이에	2 어둠, 암흑
3 딸	4 친절한, 다정한
5 이유, 원인, 이성	6 add
7 boss	8 calm
9 harm	10 stage

B

1 cloudy	2 engine
3 concert	4 musician

5 sea   **6** channel
7 cash   **8** land
9 performance   **10** print
C
1 boss   **2** Channel
3 cloudy   **4** musician
5 Add

Day 01~05 Review Test   p.25

A
1 해외에   **2** 문화
3 습관   **4** 곤충
5 먹이를 주다   **6** 매일의
7 초등의   **8** 전 세계의
9 공연   **10** 음악가
B
1 insect   **2** combat
3 curiosity   **4** gate
5 thin   **6** trash
7 money   **8** nephew
9 occur   **10** darkness
C
1 sale   **2** teenager
3 calm   **4** material
5 bridge

Day 01~05 Vocabulary Plus   p.26

Check-up Test
1 wait, for   **2** climbed, up
3 turned, down   **4** looking, for
5 gave, up

Chapter 02

Day 06 Exercise   p.30

A
1 왜냐하면, ~ 이기 때문에 **2** 장식하다, 꾸미다
3 어른, 성인   **4** 암탉
5 입 맞추다, 입맞춤   **6** partner

7 poem   **8** recipe
9 tail   **10** topic
B
1 every   **2** fiction
3 bottom   **4** coin
5 shower   **6** chain
7 gym   **8** language
9 spill   **10** schedule
C
1 shower   **2** fiction
3 hen   **4** poem
5 topic

Day 07 Exercise   p.33

A
1 치다, 두드리다, 이기다 **2** ~ 옆에, ~에 비하여
3 서랍   **4** 누구나, 모두
5 파일, 서류철   **6** toilet
7 relax   **8** noise
9 lamb   **10** jog
B
1 hotel   **2** collect
3 delay   **4** hero
5 ache   **6** matter
7 pepper   **8** quit
9 service   **10** sunny
C
1 hotel   **2** hero
3 lamb   **4** service
5 toilet

Day 08 Exercise   p.36

A
1 직원   **2** 과학자
3 안전   **4** 진짜의, 정말의
5 보석류, 장신구   **6** base
7 bend   **8** cave
9 deer   **10** energy
B
1 mix   **2** pet
3 talent   **4** lie
5 ice   **6** adventure

7 campaign **8** eastern
9 finger **10** golden

C

1 Bend **2** deer
3 energy **4** safety
5 scientist

Day 09 Exercise p.39

A

1 충고, 조언 **2** 누구나, 모든 사람
3 더 좋아하다 **4** 우표, 도장
5 그곳에, 저기에 **6** just
7 most **8** flour
9 how **10** bark

B

1 behind **2** congratulate
3 design **4** kingdom
5 capital **6** electric
7 pattern **8** record
9 seem **10** snowy

C

1 prefer **2** stamp
3 bark **4** advice
5 just

Day 10 Exercise p.42

A

1 의미하다, 뜻하다 **2** 소설, 새로운
3 (공공장소의) 화장실 **4** 해변, 바닷가
5 사회의, 사교적인 **6** against
7 centimeter **8** exam
9 flight **10** hometown

B

1 apologize **2** bill
3 ceiling **4** doll
5 guard **6** lead
7 system **8** thief
9 photo **10** connect

C

1 means **2** social
3 against **4** centimeter
5 exam

Day 06~10 Review Test p.43

A

1 샤워 **2** 소설
3 언어 **4** 아픔
5 미루다 **6** 모험, 모험심
7 운동, 캠페인 **8** 전기의
9 왕국 **10** 사과하다

B

1 child **2** decoration
3 rooster **4** relax
5 postpone **6** issue
7 behind **8** blend
9 link **10** picture

C

1 tail **2** recipe
3 noise **4** sunny
5 cave

Day 06~10 Vocabulary Plus p.44

Check-up Test

1 get, away **2** go, on
3 come, in **4** get, to
5 threw, away

Chapter 03

Day 11 Exercise p.48

A

1 우주, 세계 **2** 아직도, 여전히, 고요한, 정지한
3 약간의, 얼마간의, 어떤 **4** ~을 더하여
5 이름, 이름을 붙이다 **6** liberty
7 impress **8** everything
9 dot **10** continue

B

1 ago **2** bat
3 bird **4** medium
5 seed **6** succeed
7 tape **8** fun
9 celebrate **10** return

C

1 everything
2 name
3 plus
4 still
5 continue

Day 12 **Exercise** p.51

A

1 흥분시키다, 자극하다
2 아래로, 아래쪽으로
3 복사, 복사하다
4 (불에) 타다, (불)태우다
5 동의하다, 일치하다
6 nobody
7 pot
8 seek
9 stuff
10 until

B

1 birth
2 center
3 gentle
4 invention
5 law
6 metal
7 role
8 square
9 stomach
10 thumb

C

1 copy
2 Nobody
3 until
4 down
5 agree

Day 13 **Exercise** p.54

A

1 도움, 돕다
2 누군가, 어떤 사람
3 자기 자신, 자아
4 버릇없는, 무례한
5 막대기, 장대
6 tip
7 below
8 coach
9 hug
10 over

B

1 gesture
2 century
3 count
4 dozen
5 environment
6 international
7 useful
8 step
9 merry
10 subject

C

1 tip
2 someone
3 rude
4 over
5 coach

Day 14 **Exercise** p.57

A

1 거의, 대부분
2 (맛이) 쓴
3 두 배의, 이중의
4 남편
5 재판관, 판사, 판단하다
6 mild
7 natural
8 port
9 stadium
10 task

B

1 coast
2 customer
3 foreign
4 lift
5 rule
6 serious
7 suggest
8 treat
9 various
10 character

C

1 mild
2 husband
3 port
4 task
5 bitter

Day 15 **Exercise** p.60

A

1 삼각형
2 어떤 것, 무엇인가
3 부모
4 재미있는, 유머러스한
5 기침, 기침하다
6 also
7 blank
8 level
9 review
10 tear

B

1 chart
2 comb
3 depart
4 express
5 improve
6 pour
7 share
8 steal
9 upset
10 midnight

C

1 blank
2 also
3 review
4 cough
5 triangle

Day 11~15 **Review Test** p.61

A

1 기념하다
2 ~을 더하여
3 찾다, 추구하다
4 엄지손가락
5 다스, 12개
6 껴안다, 포옹
7 판사, 판단하다
8 자연의, 타고난
9 눈물, 찢다
10 빗, 빗다

B

1 freedom   2 treatment

3 empty   4 stick

5 topic   6 rude

7 angry   8 improvement

9 death   10 various

C

1 fun   2 stuff

3 role   4 double

5 midnight

Day 11~15   **Vocabulary Plus**   p.62

Check-up Test

1 Put, on   2 laughed, at

3 look, after   4 looking, at

5 turned / switched, on

Chapter 04

Day 16   **Exercise**   p.66

A

1 유형, 종류   2 빛나다, 반짝이다

3 잔디, 잔디밭   4 ~의 안에, 안으로

5 잊다   6 cause

7 crown   8 complete

9 chat   10 sure

B

1 absent   2 guest

3 prepare   4 rent

5 stick   6 title

7 order   8 mind

9 quarter   10 along

C

1 chatting   2 causing

3 shined   4 sure

5 forget

Day 17   **Exercise**   p.69

A

1 만약 ~이면   2 웅장한, 인상적인, 굉장한

3 드라마, 극, 희곡   4 뺨, 볼

5 ~의 사이에   6 billion

7 repeat   8 than

9 typhoon   10 usual

B

1 brand   2 football

3 luxury   4 neat

5 produce   6 sharp

7 son   8 surprising

9 cure   10 block

C

1 grand   2 repeat

3 cheeks   4 usual

5 among

Day 18   **Exercise**   p.72

A

1 ~을 뺀   2 교도소, 감옥

3 몇몇의, 각자의   4 (맛이) 신, 시큼한

5 목이 마른   6 either

7 challenge   8 cheer

9 both   10 already

B

1 lot   2 found

3 harvest   4 trade

5 state   6 through

7 curtain   8 by

9 twice   10 regular

C

1 minus   2 prison

3 sour   4 Either

5 already

Day 19   **Exercise**   p.75

A

1 놀랄 만한, 놀라운   2 화학의, 화학물질

3 북, 드럼   4 봉투, 봉지

5 주인, 주최하다   6 more

7 puppy   8 speech

9 survive   10 up

B

1 board	2 course
3 garage	4 swing
5 repair	6 temperature
7 twin	8 section
9 opinion	10 lovely

C

1 drums	2 host
3 speech	4 survive
5 up	

Day 20 **Exercise**   p.78

A

1 가까이에, 가까운	2 소리 지르다, 비명
3 망치다, 버려 놓다	4 목구멍, 목
5 횡단보도	6 bother
7 anyway	8 extend
9 grammar	10 luck

B

1 ceremony	2 form
3 press	4 receive
5 sentence	6 background
7 turn	8 journey
9 during	10 chest

C

1 grammar	2 luck
3 spoil	4 throat
5 bother	

Day 16~20 **Review Test**   p.79

A

1 끝내다	2 원인
3 정돈된	4 날카로운
5 상표	6 설립하다
7 흔들다	8 의견, 생각
9 의식, 식	10 수확, 추수

B

1 present	2 parking lot
3 prison	4 surprisingly
5 foundation	6 repetition
7 minus	8 stick
9 regularly	10 thirst

C

1 mind	2 typhoon
3 Both	4 course
5 Extend	

Day 16~20 **Vocabulary Plus**   p.80

Check-up Test

1 told, about	2 stands, for
3 hang, out	4 working, for
5 listen, to	

Chapter 05

Day 21 **Exercise**   p.84

A

1 ~일[할] 것이다, 의지	2 언제, ~할 때
3 어리석은, 바보 같은	4 보다 적은, 더 작은
5 환상적인, 멋진	6 vet
7 too	8 so
9 chin	10 another

B

1 boil	2 case
3 mark	4 puzzle
5 spell	6 choose
7 general	8 relationship
9 note	10 disease

C

1 fantastic	2 silly
3 When	4 vet
5 chin	

Day 22 **Exercise**   p.87

A

1 군대, 육군	2 뼈, 골격
3 중요(성)	4 ~해야 한다, ~임에 틀림없다
5 공식적인, 공무상의	6 present
7 simple	8 steam
9 valley	10 which

B

1	false	2	discuss
3	tough	4	wrap
5	spicy	6	lamp
7	report	8	expression
9	clever	10	clap

C

1	army	2	official
3	Steam	4	present
5	simple		

Day 23 Exercise   p.90

A

1	벌레	2	아내
3	무엇, 얼마, 무슨, 어떤	4	아픈
5	위치, 장소, 현장	6	pin
7	instead	8	few
9	choice	10	area

B

1	bow	2	communicate
3	direct	4	hunt
5	research	6	stress
7	greet	8	care
9	project	10	true

C

1	choice	2	few
3	worms	4	instead
5	sore		

Day 24 Exercise   p.93

A

1	저자, 작가	2	(남자) 조카
3	가루, 분말	4	곧, 금방, 빨리
5	누구, 어떤 사람	6	degree
7	however	8	row
9	track	10	yet

B

1	classic	2	click
3	common	4	focus
5	modern	6	protect
7	single	8	steel
9	wave	10	fact

C

1	track	2	row
3	author	4	degrees
5	soon		

Day 25 Exercise   p.96

A

1	~없이, ~하지 않고	2	(공공건물) 화장실
3	보도, 인도	4	예의 바른, 공손한
5	유령, 귀신	6	around
7	bowling	8	department
9	fool	10	spread

B

1	cart	2	float
3	own	4	match
5	recommend	6	solid
7	weigh	8	bored
9	impossible	10	trick

C

1	bowling	2	Department
3	ghost	4	spread
5	sidewalks		

Day 21~25 Review Test   p.97

A

1	끓(이)다	2	포장하다
3	관계, 관련	4	박수를 치다
5	아직, 벌써	6	현대의
7	하지만	8	집중하다
9	인사하다	10	보호하다

B

1	gift	2	stupid
3	expression	4	officially
5	region	6	foolish
7	politely	8	difficult
9	importance	10	impossible

C

1	will	2	Which
3	site	4	powder
5	without		

Check-up Test

1 made, a, speech   2 take, a, bath
3 take, a, picture   4 make, mistake
5 has, a, fever

Chapter 06

Day 26 Exercise p.102

A

1 바퀴, 자동차 핸들   2 경고하다, 주의를 주다
3 신호, 징후   4 존경하다, 존중하다, 존경, 존중
5 밖에, 밖으로   6 anybody
7 closet   8 dessert
9 flood   10 heat

B

1 medical   2 branch
3 junior   4 pity
5 summary   6 treasure
7 windy   8 article
9 excuse   10 shoot

C

1 dessert   2 respect
3 warned   4 flood
5 wheels

Day 27 Exercise p.105

A

1 덤불, 관목   2 지역 사회, 공동체
3 아픈, 병든   4 헐거운, 느슨한
5 선반   6 ever
7 plate   8 since
9 where   10 wonder

B

1 dialogue   2 fry
3 period   4 stupid
5 trouble   6 video
7 mystery   8 blind
9 athlete   10 roll

C

1 loose   2 shelf
3 wonder   4 plate
5 ill

Day 28 Exercise p.108

A

1 누구나   2 감사하다, 감상하다, 인정하다
3 잘못, 과실, 결점, 단점   4 아마도, 어쩌면
5 이르다, 도착하다   6 finally
7 slim   8 such
9 then   10 weight

B

1 shade   2 barber
3 guide   4 diligent
5 conversation   6 interest
7 actor   8 wing
9 pack   10 huge

C

1 reached   2 such
3 weight   4 appreciate
5 slim

Day 29 Exercise p.111

A

1 왜, 무슨 까닭으로   2 그러므로, 따라서
3 시내, 개울, 흐름   4 참여하다, 참가하다
5 아무것도 ~아니다   6 bless
7 cost   8 even
9 function   10 imagine

B

1 education   2 difference
3 moment   4 palace
5 sheet   6 route
7 slice   8 view
9 wealth   10 attack

C

1 cost   2 even
3 Imagine   4 participated
5 stream

Day 30 Exercise

p.114

A

1 서쪽의	2 미끄러지다
3 아마도	4 용서, 용서하다
5 근처의, 근처에	6 anything
7 away	8 convenient
9 mention	10 trust

B

1 breathe	2 dislike
3 fair	4 graduate
5 raise	6 structure
7 whole	8 interview
9 pain	10 tour

C

1 convenient	2 nearby
3 pardon	4 slipped
5 anything	

Day 26~30 Review Test

p.115

A

1 기사, 물건	2 구르다
3 연민, 동정	4 그늘, 응달
5 장님의	6 성실한
7 교육, 훈련	8 숨 쉬다
9 구조, 구성	10 순간, 잠깐

B

1 tight	2 mysterious
3 slim	4 painful
5 summary	6 sick
7 forgive	8 weigh
9 player	10 society

C

1 anybody[anyone]	2 since
3 fault	4 Why
5 Perhaps	

Day 26~30 Vocabulary Plus

p.116

Check-up Test

1 is, able, to	2 is, good, at
3 am, proud, of	4 am, tired, of
5 was, absent, from	

Index

이것이 THIS IS 시리즈다!

THIS IS GRAMMAR 시리즈

▷ 중·고등 내신에 꼭 등장하는 어법 포인트 분석 및 총정리

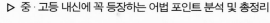

강남인강
강의교재

THIS IS READING 시리즈

▷ 다양한 소재의 지문으로 내신 및 수능 완벽 대비

강남인강
강의교재

THIS IS VOCABULARY 시리즈

▷ 주제별로 분류한 교육부 권장 어휘

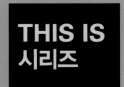

THIS IS
시리즈

무료 MP3 및 부가자료 다운로드
www.nexusbook.com
www.nexusEDU.kr

THIS IS GRAMMAR 시리즈
Starter 1~3   영어교육연구소 지음 | 205×265 | 144쪽 | 각 권 12,000원
초·중·고급 1·2   넥서스영어교육연구소 지음 | 205×265 | 250쪽 내외 | 각 권 12,000원

THIS IS READING 시리즈
Starter 1~3   김태연 지음 | 205×265 | 156쪽 | 각 권 12,000원
1·2·3·4   넥서스영어교육연구소 지음 | 205×265 | 192쪽 내외 | 13,000원

THIS IS VOCABULARY 시리즈
입문   넥서스영어교육연구소 지음 | 152×225 | 224쪽 | 10,000원
초·중·고급·어원편   권기하 지음 | 152×225 | 180×257 | 344쪽~444쪽 | 10,000원~12,000원
수능 완성   넥서스영어교육연구소 지음 | 152×225 | 280쪽 | 12,000원
뉴텝스   넥서스 TEPS연구소 지음 | 152×225 | 452쪽 | 13,800원

NEXUS Edu

LEVEL CHART

		초1	초2	초3	초4	초5	초6	중1	중2	중3	고1	고2	고3
VOCA	초등필수 영단어 1–2 · 3–4 · 5–6학년용										WORD PASS		
	The VOCA + (플러스) 1~7												
	THIS IS VOCABULARY 입문 · 초급 · 중급							고급 · 어원 · 수능 완성 · 뉴텝스					
	WORD FOCUS 중등 종합 5000 · 고등 필수 5000 · 고등 종합 9500												
Grammar	초등필수 영문법 + 쓰기 1~2												
	OK Grammar 1~4												
	This Is Grammar Starter 1~3												
	This Is Grammar 초급~고급 (각 2권: 총 6권)												
	Grammar 공감 1~3												
	Grammar 101 1~3												
	Grammar Bridge 1~3 (NEW EDITION)												
	The Grammar Starter, 1~3												
	한 권으로 끝내는 필수 구문 1000제												
	구사일생 (구문독해 Basic) 1~2												
	구문독해 204 1~2 (개정판)												
	고난도 구문독해 500												
	그래머 캡처 1~2												
	[특급 단기 특강] 어법어휘 모의고사												

	초1	초2	초3	초4	초5	초6	중1	중2	중3	고1	고2	고3

Writing

- 공감 영문법+쓰기 1~2
- 도전만점 중등내신 서술형 1~4
- 영어일기 영작패턴 1-A, B · 2-A, B
- Smart Writing 1~2

Reading

- Reading 101 1~3
- Reading 공감 1~3
- This Is Reading Starter 1~3
- This Is Reading 전면 개정판 1~4
- 원서 술술 읽는 Smart Reading Basic 1~2
- 원서 술술 읽는 Smart Reading 1~2
- [특급 단기 특강] 구문독해 · 독해유형
- [앱솔루트 수능대비 영어독해 기출분석] 2019~2021학년도

Listening

- Listening 공감 1~3
- The Listening 1~4
- 넥서스 중학 영어듣기 모의고사 25회 1~3
- 도전! 만점 중학 영어듣기 모의고사 1~3
- 만점 적중 수능 듣기 모의고사 20회 · 35회

TEPS

- NEW TEPS 입문편 실전 250⁺ 청해 · 문법 · 독해
- NEW TEPS 기본편 실전 300⁺ 청해 · 문법 · 독해
- NEW TEPS 실력편 실전 400⁺ 청해 · 문법 · 독해
- NEW TEPS 마스터편 실전 500⁺ 청해 · 문법 · 독해